AF188430

Impressum
Verlag: BABADADA GmbH, Nedderfeld 112 , 22529 Hamburg
Geschäftsführer / Verlagsleitung: Harald Hof
Druck: Books on Demand GmbH, In de Tarpen 42, 22848 Norderstedt

Imprint
Publisher: BABADADA GmbH, Nedderfeld 112 , 22529 Hamburg, Germany
Managing Director / Publishing direction: Harald Hof
Print: Books on Demand GmbH, In de Tarpen 42, 22848 Norderstedt

school
ໂຮງຮຽນ

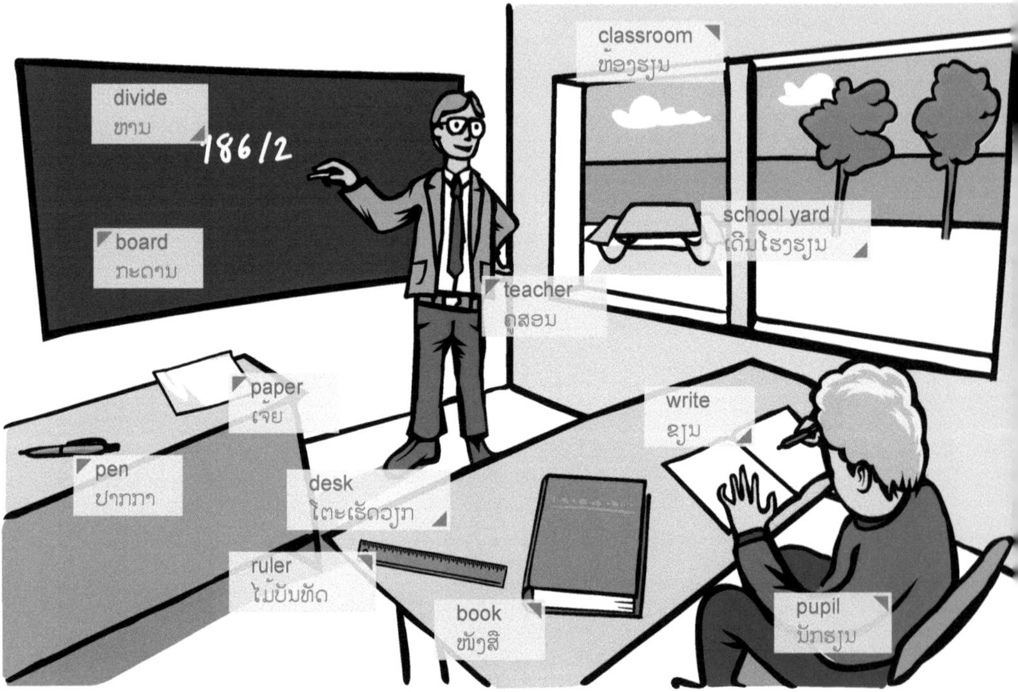
classroom
ຫ້ອງຮຽນ
divide
ຫານ
186/2
board
ກະດານ
school yard
ເດີ່ນໂຮງຮຽນ
teacher
ຄູສອນ
paper
ເຈ້ຍ
write
ຂຽນ
pen
ປາກກາ
desk
ໂຕະເຮັດວຽກ
ruler
ໄມ້ບັນທັດ
book
ໜັງສື
pupil
ນັກຮຽນ

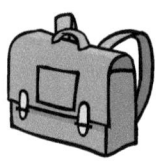

satchel
ກະເປົາໃສ່ປຶ້ມທີ່ມີສາຍພາຍ

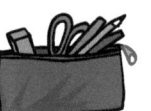

pencil case
ກັບສໍດຳ

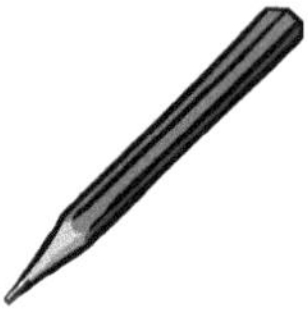

pencil
ສໍດຳ

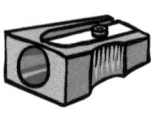

pencil sharpener
ເຄື່ອງແຫຼມສໍ

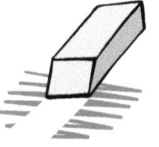

rubber
ຢາງລຶບ

drawing pad
ສະໝຸດແຕ້ມຮູບ

drawing

ພາບວາດ

paintbrush

ແປງທາສີ

paint box

ກ່ອງສີ

scissors

ມິດຕັດ

glue

ກາວ

exercise book

ປຶ້ມເຝິກຫັດ

homework

ວຽກບ້ານ

12

number

ຕົວເລກ

2+2

add

ບວກ

5-2

subtract

ລົບ

2×2

multiply

ຄູນ

calculate

ຄິດໄລ່

A

letter

ຕົວອັກສອນ

ABCDEFG HIJKLMN OPQRSTU VWXYZ

alphabet

ພະຍັນຊະນະ

hello

word

ຄຳສັບ

text

ຂໍ້ຄວາມ

read

ອ່ານ

chalk

ສໍຂາວ

lesson

ບົດຮຽນ

register

ລົງທະບຽນ

exam

ການສອບເສັງ

certificate

ໃບຢັ້ງຢືນ

school uniform

ຊຸດນັກຮຽນ

education

ການສຶກສາ

encyclopedia

ປຶ້ມຮວບຮວມຄວາມຮູ້ສາລະພັດ

university

ມະຫາວິທະຍາໄລ

microscope

ກ້ອງຈຸລະທັດ

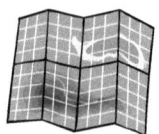

map

ແຜນທີ່

waste-paper basket

ກະຕ່າໃສ່ເສດເຈ້ຍ

hotel
ໂຮງແຮມ

Grand

hostel
ໂຮສເຫລ

ROOMS

EXCHANGE

bureau de change
ບ່ອນແລກປ່ຽນເງິນຕາ

car
ລົດຍົນ

language
ພາສາ

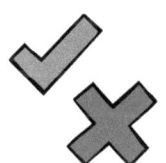

yes / no
ແມ່ນ / ບໍ່ແມ່ນ

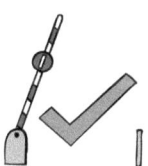

Okay
ຕົກລົງ

hello
ສະບາຍດີ

translator
ນັກແປພາສາ

Thank you
ຂອບໃຈ

how much is...?

ລາຄາເທົ່າໃດ...?

I do not understand

ຂ້ອຍບໍ່ເຂົ້າໃຈ

problem

ບັນຫາ

Good evening!

ສະບາຍດີຕອນແລງ!

Good morning!

ສະບາຍດີຕອນເຊົ້າ!

Good night!

ລາຕີສະຫວັດ

bye bye

ລາກ່ອນ

direction

ທິດທາງ

luggage

ກະເປົ໋າເດີນທາງ

bag

ກະເປົ໋າ

backpack

ກະເປົ໋າພາຍຫຼັງ

guest

ແຂກ

room

ຫ້ອງ

sleeping bag

ຖົງໃສ່ເຄື່ອງນອນ

tent

ເຕັ້ນ

tourist information

ຂໍ້ມູນນັກທ່ອງທ່ຽວ

beach

ຊາຍຫາດ

credit card

ບິດເຄຣດິດ

breakfast

ອາຫານເຊົ້າ

lunch

ອາຫານທ່ຽງ

dinner

ອາຫານແລງ

ticket

ປີ້

lift

ລິຟ

stamp

ສະແຕມ

border

ພົມແດນ

customs

ພາສີ

embassy

ສະຖານທູດ

visa

ວິຊາ

passport

ໜັງສືຜ່ານແດນ

transport
ຂົນສົ່ງ

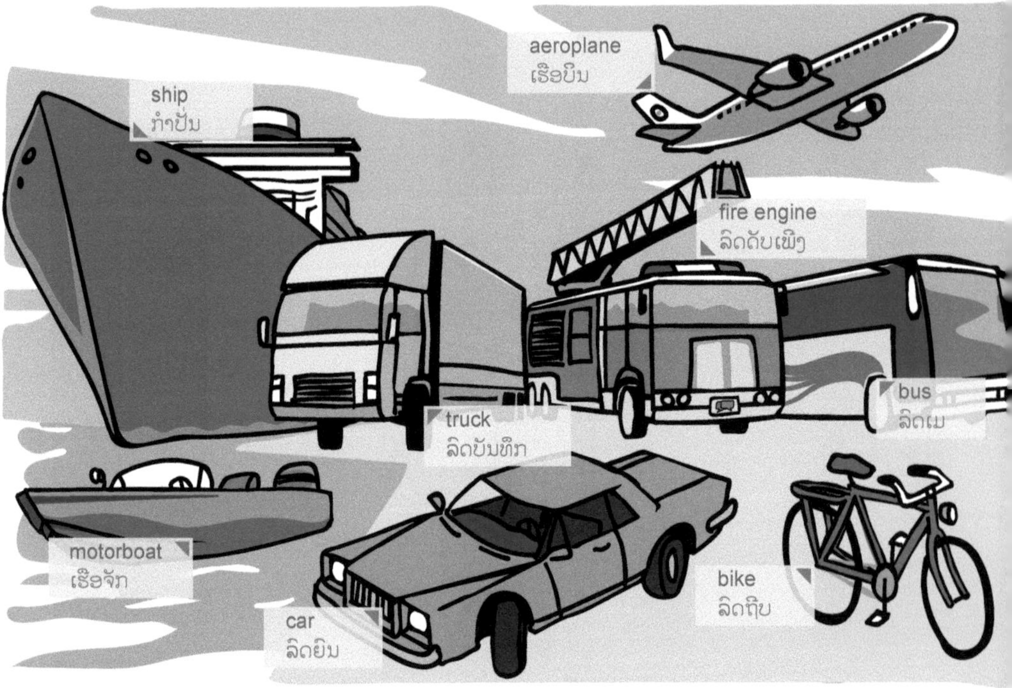

aeroplane
ເຮືອບິນ
ship
ກຳປັ່ນ
fire engine
ລົດດັບເພີງ
bus
ລົດເມ
truck
ລົດບັນທຶກ
motorboat
ເຮືອຈັກ
bike
ລົດຖີບ
car
ລົດຍົນ

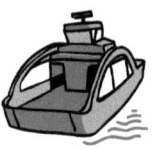

ferry
ເຮືອຂ້າມຟາກ

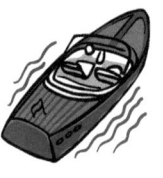

boat
ເຮືອ

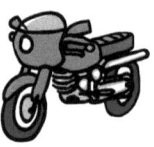

motorbike
ລົດຈັກ

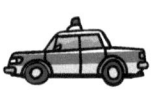

police car
ລົດຕຳຫຼວດ

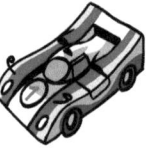

racing car
ລົດແຂ່ງ

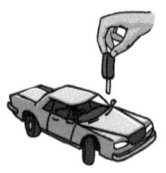

rental car
ລົດເຊົ່າ

car sharing

ການແບ່ງປັນກັນໃຊ້ລົດ

breakdown truck

ລົດລາກ

refuse truck

ລົດຂົນຂີ້ເຫຍື້ອ

motor

ເຄື່ອງຍົນ

fuel

ເຊື້ອໄຟ

petrol station

ປໍ້ານໍ້າມັນ

traffic sign

ປ້າຍຈາລະຈອນ

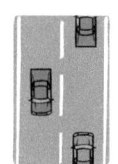

traffic

ການຈາລະຈອນ

traffic jam

ການຈາລະຈອນຕິດຂັດ

car park

ບ່ອນຈອດລົດ

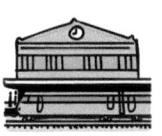

train station

ສະຖານີລົດໄຟ

tracks

ລາງລົດໄຟ

train

ລົດໄຟ

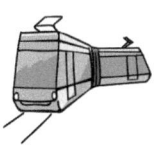

tram

ລົດລາງ

carriage

ຕູ້ລົດໄຟ

helicopter

ເຮລີຄອບເຕີ

airport

ສະໜາມບິນ

tower

ທໍຄອຍ

passenger

ຜູ້ໂດຍສານ

container

ຕູ້ບັນຈຸສິນຄ້າ

carton

ກ່ອງເຈ້ຍ

cart

ກວງນ

basket

ກະຕ່າ

take off / land

ເຮືອບິນຂຶ້ນ / ເຮືອບິນລົງຈອດ

city

ເມືອງ

village

ບ້ານ

city centre

ໃຈກາງເມືອງ

house

ເຮືອນ

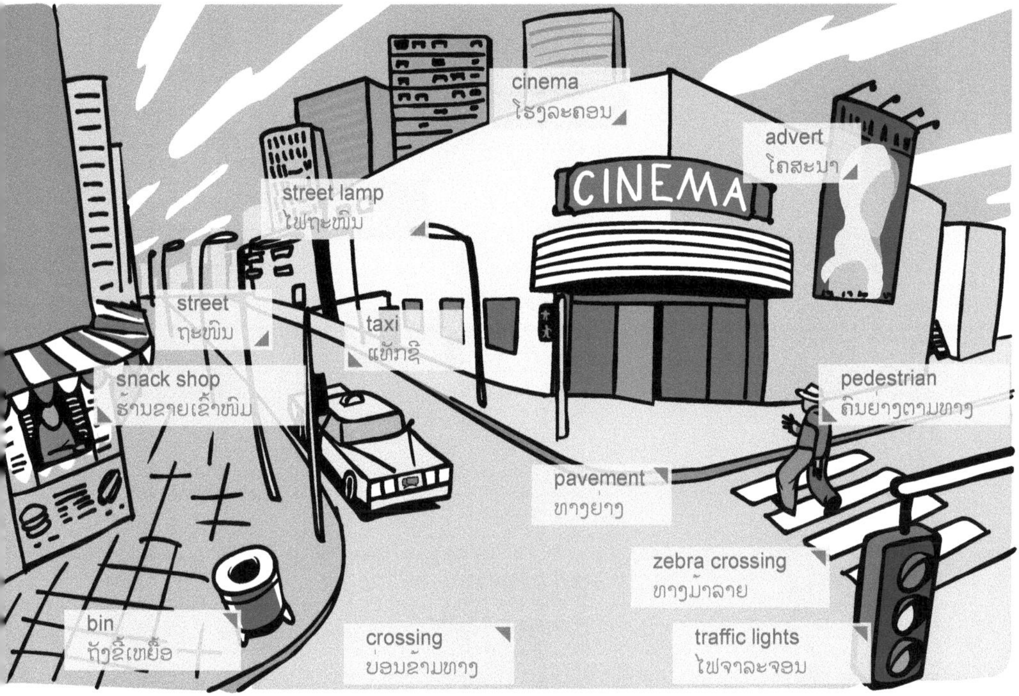

cinema
ໂຮງລະຄອນ
advert
ໂຄສະນາ
CINEMA
street lamp
ໄຟຖະໜົນ
street
ຖະໜົນ
taxi
ແທັກຊີ
snack shop
ຮ້ານຂາຍເຂົ້າໜົມ
pedestrian
ຄົນຍ່າງຕາມທາງ
pavement
ທາງຍ່າງ
zebra crossing
ທາງມ້າລາຍ
bin
ຖັງຂີ້ເຫຍື້ອ
crossing
ບ່ອນຂ້າມທາງ
traffic lights
ໄຟຈາລະຈອນ

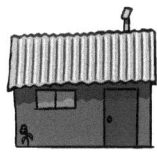

hut

ຕູບ

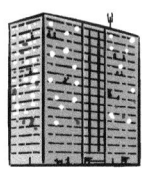

flat

ແຟລດ

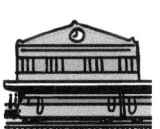

train station

ສະຖານີລົດໄຟ

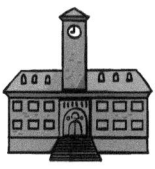

town hall

ໂຮງການເມືອງ

MUSEUM

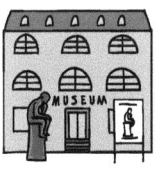

museum

ຫໍພິພິດຕະພັນ

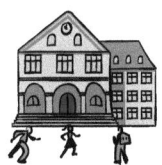

school

ໂຮງຮຽນ

university

ມະຫາວິທະຍາໄລ

bank

ທະນາຄານ

hospital

ໂຮງໝໍ

hotel

ໂຮງແຮມ

pharmacy

ຮ້ານຂາຍຢາ

office

ຫ້ອງການ

book shop

ຮ້ານຂາຍໜັງສື

shop

ຮ້ານຄ້າ

florist's

ຮ້ານຂາຍດອກໄມ້

supermarket

ຊຸບເປີມາກເກັດ

market

ຕະຫຼາດ

department store

ຫ້າງສັບພະສິນຄ້າ

fishmonger's

ຮ້ານຂາຍປາ

shopping centre

ສູນການຄ້າ

harbour

ທ່າເຮືອ

park

ສວນສາທາລະນະ

bench

ແປ່ນມ້າ

bridge

ຂົວ

stairs

ຂັ້ນໃດ

underground

ລົດໄຟໃຕ້ດິນ

tunnel

ອຸໂມງ

bus stop

ປ້າຍລົດເມ

bar

ຮ້ານຂາຍເຫຼົ້າ

restaurant

ຮ້ານອາຫານ

postbox

ຕູ້ໄປສະນີ

street sign

ປ້າຍຊື່ຖະໜົນ

parking meter

ມິເຕີເກັບຄ່າຝາກລົດ

zoo

ສວນສັດ

swimming pool

ສະລອຍນ້ຳ

mosque

ວັດມຸດສະລິມ

city - ເມືອງ

farm

ຟາມ

pollution

ມົນລະພິດ

graveyard

ສຸສານ

church

ໂບດ

playground

ເດີ່ນຫຼິ້ນຂອງເດັກນ້ອຍ

temple

ວັດມຸດສະລິມ

landscape
ພູມິປະເທດ

signpost
ປ້າຍບອກທາງ

way
ທາງ

meadow
ທົ່ງຫຍ້າ

stone
ກ້ອນຫິນ

hiker
ນັກເດີນທາງໄກດ້ວຍການຍ່າງ

tree
ຕົ້ນໄມ້

river
ແມ່ນ້ຳ

grass
ຫຍ້າ

flower
ດອກໄມ້

valley

ຮ່ອມພູ

hill

ເນີນເຂົາ

lake

ທະເລສາບ

forest

ປ່າ

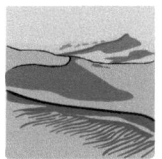

desert

ທະເລຊາຍ

volcano

ພູເຂົາໄຟ

castle

ທຳປະສາດ

rainbow

ຮຸ້ງກິນນ້ຳ

mushroom

ເຫັດ

palm tree

ຕົ້ນປາມ

mosquito

ຍຸງ

fly

ແມງວັນ

ant

ມົດ

bee

ເຜິ້ງ

spider

ແມງມຸມ

beetle

ແມງປິກແຂງ

frog

ກົບ

squirrel

ກະຮອກ

hedgehog

ເໝັ້ນ

hare

ກະຕ່າຍປ່າ

owl

ນົກເຄົ້າ

bird

ນົກ

swan

ຫົງ

boar

ໝູປ່າຕົວຜູ້

deer

ກວາງ

moose

ກວາງໃຫຍ່

dam

ເຂື່ອນ

wind turbine

ໝາກກັງຫັນລົມ

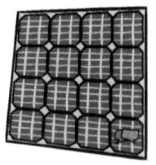

solar panel

ແຜງໂຊລາເຊລ

climate

ສະພາບອາກາດ

landscape - ພູມິປະເທດ

restaurant
ຮ້ານອາຫານ

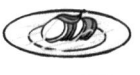

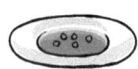

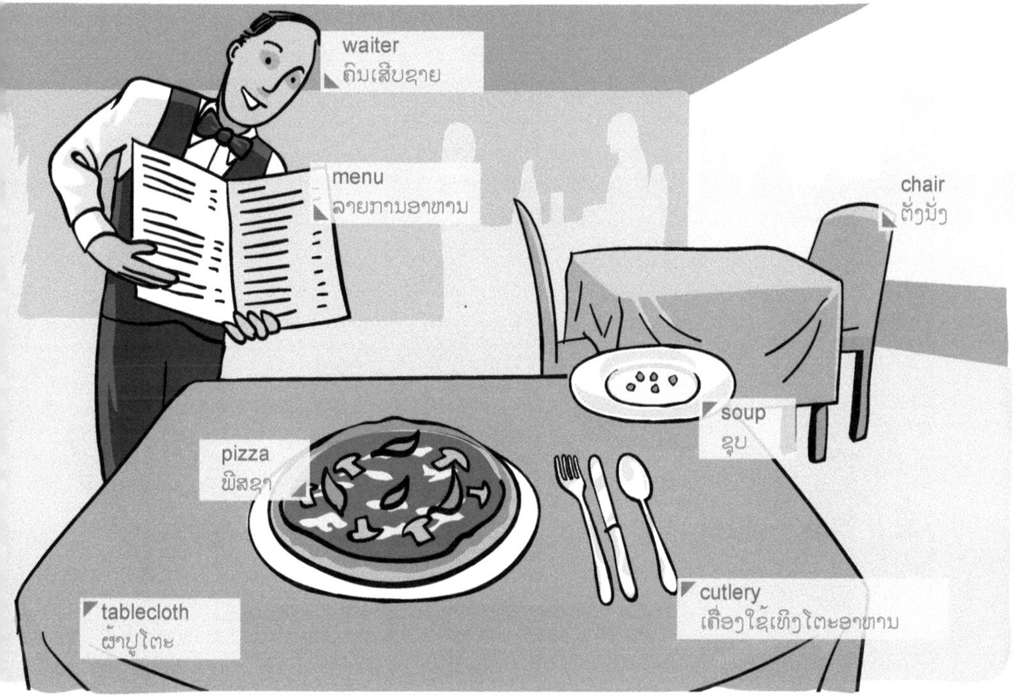

waiter
ຄົນເສີບຊາຍ
menu
ລາຍການອາຫານ
chair
ຕັ່ງນັ່ງ
soup
ຊຸບ
pizza
ພິສຊາ
cutlery
ເຄື່ອງໃຊ້ເທິງໂຕະອາຫານ
tablecloth
ຜ້າປູໂຕະ

starter
ອາຫານເລີ່ມຕົ້ນ

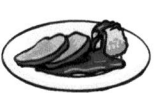

main course
ອາຫານຈານຫຼັກ

dessert
ຂອງຫວານ

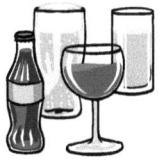

drinks
ເຄື່ອງດື່ມ

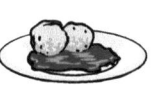

food
ອາຫານ

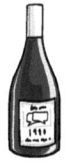

bottle
ຂວດແກ້ວ

fast food

ອາຫານຈານດ່ວນ

street food

ຮ້ານຂາຍທາງ

teapot

ເຕົ້ານ້ຳຊາ

sugar bowl

ຖ້ວຍນ້ຳຕານ

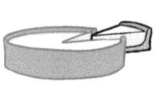

portion

ສ່ວນແບ່ງອາຫານສຳລັບທີ່ງຄົນ

espresso machine

ເຄື່ອງຊົງກາເຟເອສເປຣສໂຊ

high chair

ເກົ້າອີ້ສູງ

bill

ໃບເກັບເງິນ

tray

ຖາດ

knife

ມີດ

fork

ສ້ອມ

spoon

ບ່ວງ

teaspoon

ບ່ວງຊາ

serviette

ຜ້າເຊັດປາກຢູ່ໂຕະອາຫານ

glass

ຈອກແກ້ວ

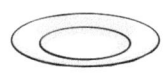

plate

ຈານ

soup plate

ຈານຊຸບ

saucer

ຈານຮອງ

sauce

ຊອສ

salt pot

ກະປຸກເກືອ

pepper mill

ກະປຸກພິກໄທ

vinegar

ນ້ຳສົ້ມສາຍຊູ

oil

ນ້ຳມັນພືດ

spices

ເຄື່ອງເທດ

ketchup

ຊອສໝາກເດັ່ນ

mustard

ຜັກຈ້ຳພວກຜັກກາດ

mayonnaise

ມາຍອນເນສ

supermarket

ຊູບເປີມາກເກັດ

special offer
ຂໍ້ສະເໜີພິເສດ
FOR
customer
ລູກຄ້າ
dairy
ຜະລິດຕະພັນທີ່ເຮັດຈາກນົມ
fruit
ໝາກໄມ້
trolley
ລົດຊຸກ

BUTCHERS

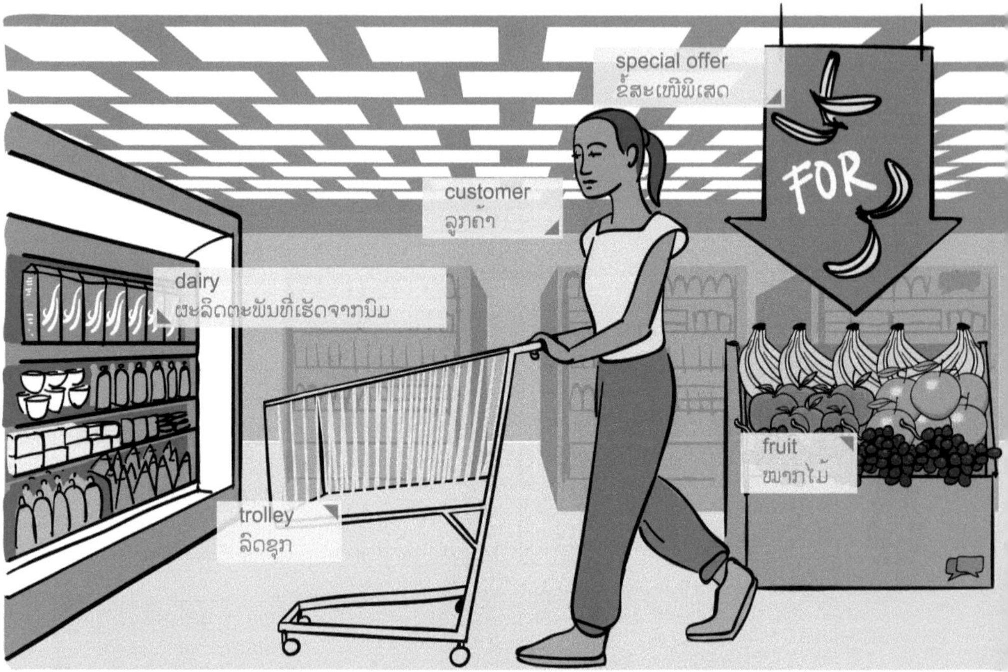

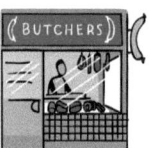

butcher´s

ຮ້ານຂາຍຊີ້ນ

BAKERY

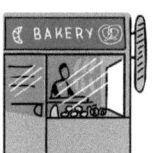

baker´s

ຮ້ານຂາຍເຂົ້າໜົມປັງ

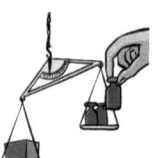

weigh

ຊັ່ງນ້ຳໜັກ

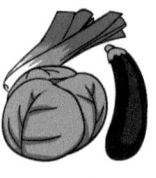

vegetables

ຜັກ

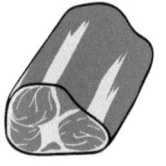

meat

ຊີ້ນ

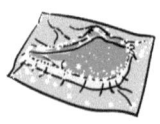

frozen food

ອາຫານແຊ່ແຂງ

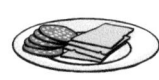

cold meat
ຊີ້ນເຢັນ

tinned food
ອາຫານກະປ໋ອງ

washing powder
ແຝ່ງຊັກເຄື່ອງ

sweets
ເຂົ້າໜົມຫວານ

household products
ຜະລິດຕະພັນໃນຄົວເຮືອນ

cleaning products
ຜະລິດຕະພັນທຳຄວາມສະອາດ

salesperson
ພະນັກງານຂາຍຢິງ

till
ເຄື່ອງຄິດເງິນ

cashier
ພະນັກງານເງິນສົດ

shopping list
ລາຍການຊື້ເຄື່ອງ

opening hours
ເວລາເປີດເຮັດວຽກ

wallet
ກະເປົາເງິນ

credit card
ບິດເຄຣດິດ

bag
ຖິງ

plastic bag
ຖິງຢາງ

ເຄື່ອງດື່ມ

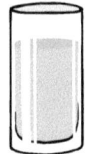

water

ນ້ຳ

juice

ນ້ຳໝາກໄມ້

milk

ນົມ

coke

ໂຄກ

wine

ວາຍ

beer

ເບຍ

alcohol

ເຫຼົ້າ

cocoa

ໂກໂກ້

tea

ຊາ

coffee

ກາເຟ

espresso

ເອສເປຣສໂຊ

cappuccino

ຄາປູຊີໂນ

banana

ໝາກກ້ວຍ

apple

ແອັບເປິ້ມ

orange

ໝາກກ້ຽງ

melon

ໝາກໂມ

lemon

ໝາກນາວ

carrot

ຫົວກະຮິດ

garlic

ຜັກທຽມ

bamboo

ຕົ້ນໄຜ່

onion

ຫອມບົ່ວ

mushroom

ເຫັດ

nuts

ຖົ່ວ

noodles

ເສັ້ນໝີ່

spaghetti

ສະປາແກັດຕີ້

rice

ເຂົ້າ

salad

ສະຫຼັດ

chips

ມັນຝຣັ່ງທອດ

fried potatoes

ມັນຝຣັ່ງທອດ

pizza

ພິສຊາ

hamburger

ແຮມເບີເກີ້

sandwich

ແຊນວິດຈ໌

cutlet

ຊີ້ນຕິດກະດູກ

ham

ແຮມ

salami

ໄສ້ກອກແຫ້ງຊາລາມິ

sausage

ໄສ້ກອກ

chicken

ໄກ່

roast

ຍ້າງ

fish

ປາ

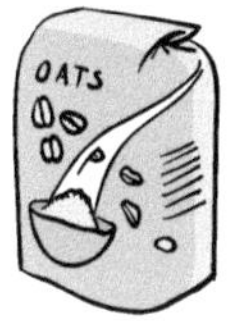

porridge oats

ເຂົ້າປຽກເຂົ້າໂອດ

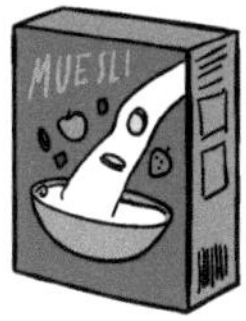

muesli

ອາຫານຊະນິດເປັນເມັດກອບ

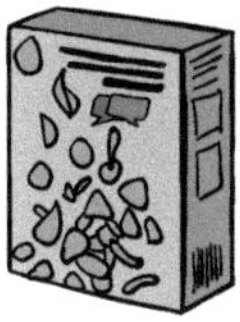

cornflakes

ເຂົ້າຊຽບເປັນປ່ຽງນ້ອຍໆ

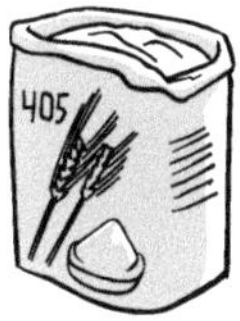

flour

ເຂົ້າແປ້ງ

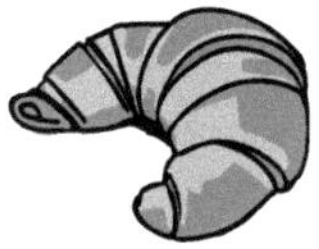

croissant

ເຂົ້າຈີ່ຊະນິດໜຶ່ງມີຮູບເດືອນເຄິ່ງ
ໜວຍ

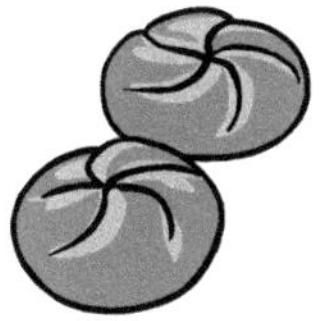

bread roll

ເຂົ້າໜົມປັງແບບມ້ວນ

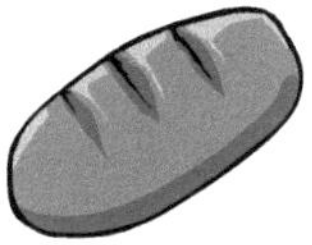

bread

ເຂົ້າໜົມປັງ

toast

ເຂົ້າໜົມປັງປີ້ງ

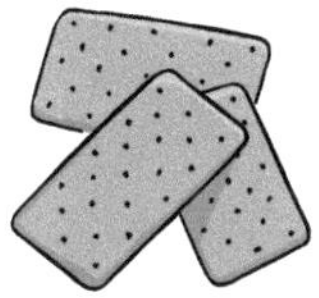

biscuits

ເຂົ້າໜົມປັງຊະນິດກ້ອນນ້ອຍ

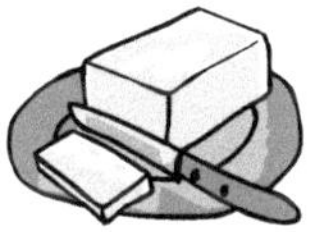

butter

ເນີຍ

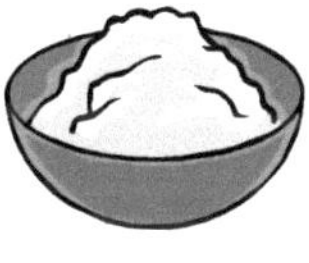

curd

ນ້ຳນົມແຂ້ນ

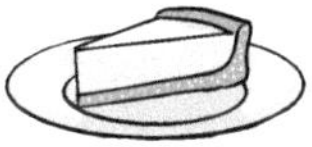

cake

ເຄກ

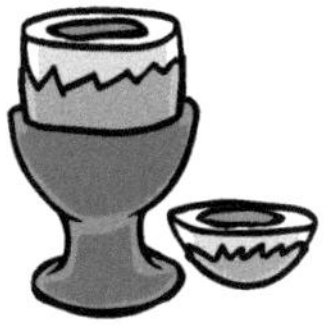

egg

ໄຂ່

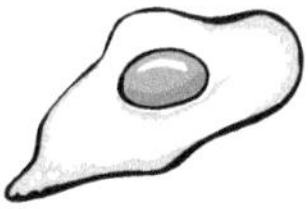

fried egg

ໄຂ່ດາວ

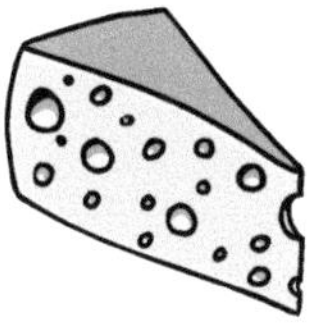

cheese

ເນີຍແຂງ

ice cream

ກະແລ້ມ

sugar

ນ້ຳຕານ

honey

ນ້ຳເຜິ້ງ

jam

ແຍມ

chocolate spread

ຊ້ອກໂກແລັດຄຣີມສະເປຣດ

curry

ກະລີ່

goat

ແກະ

cow

ງົວຕົວແມ

calf

ລູກງົວ

pig

ໝູ

piglet

ລູກໝູ

bull

ງົວຕົວຜູ້

goose

ຫ່ານ

duck

ເປັດ

chick

ລູກໄກ່

hen

ແມ່ໄກ່

cock

ໄກ່ຜູ້

rat

ໜູ

cat

ແມວ

mouse

ໜູ

ox

ງົວຕົວຜູ້

dog

ໝາ

doghouse

ຄອກໝາ

garden hose

ສາຍທໍ່ຍາງທີ່ໃຊ້ໃນສວນ

watering can

ຂ້ວຫົດຕົ້ນໄມ້

scythe

ກຽວດ້າມຍາວ

plough

ຄັນໄຖ

sickle

ກ່ຽວ

hoe

ຈົກ

pitchfork

ຄາດ

axe

ຂວານ

wheelbarrow

ລົດຍູ້ລໍ້ດຽວ

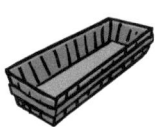

trough

ຮາງລິນ

milk can

ປ່ອງນົມ

sack

ກະສອບ

fence

ຮົ້ວ

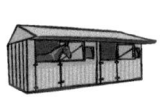

stable

ຄອກມ້າ

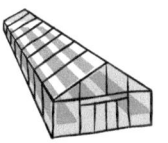

greenhouse

ເຮືອນກະຈົກ

soil

ດິນ

seed

ແກ່ນ

fertilizer

ປຸ໋ຍ

combine harvester

ເຄື່ອງກ່ຽວເຂົ້າ

harvest

ເກັບກ່ຽວ

harvest

ການເກັບກ່ຽວ

yams

ເຜືອກ

wheat

ເຂົ້າສາລີ

soy

ຖົ່ວເຫຼືອງ

potato

ມັນຝ້າງ

corn

ເຂົ້າໂພດ

rapeseed

ດອກເຣພຊິດ

fruit tree

ຕົ້ນໄມ້ທີ່ອອກໝາກ

cassava

ມັນຕົ້ນ

cereals

ພືດຂະນິດເມັດ

house
ເຮືອນ

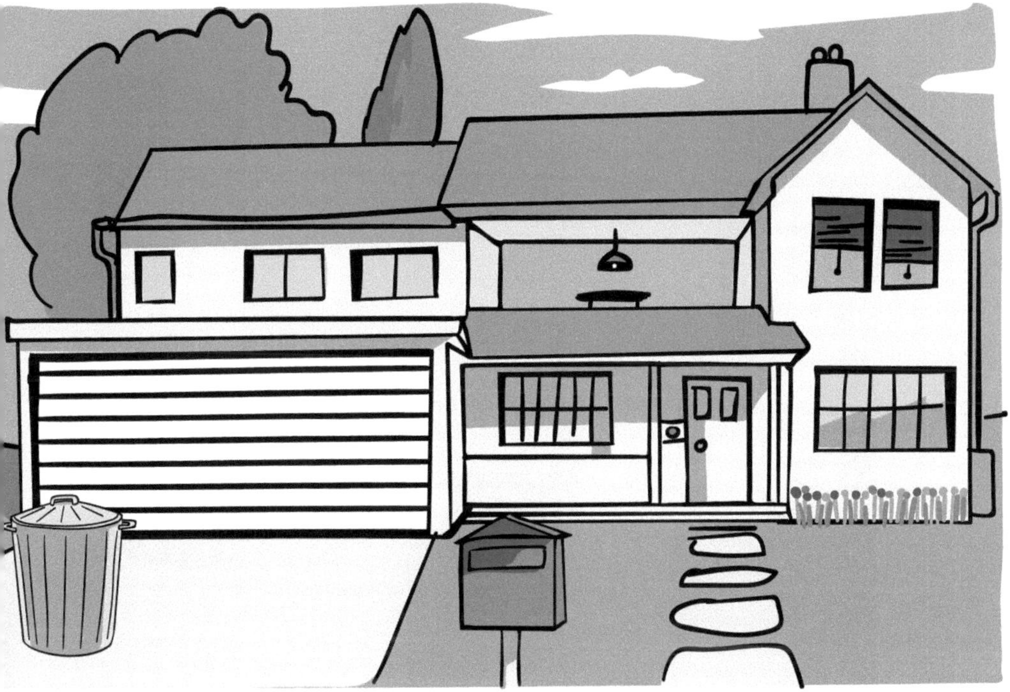

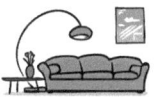

living room

ຫ້ອງຮັບແຂກ

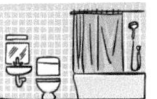

bathroom

ຫ້ອງນ້ຳ

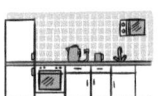

kitchen

ຫ້ອງຄົວ

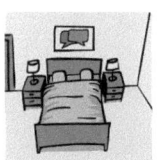

bedroom

ຫ້ອງນອນ

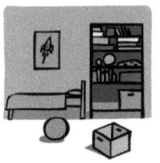

child's room

ຫ້ອງພັກສຳລັບເດັກນ້ອຍ

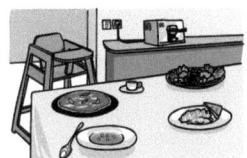

dining room

ຫ້ອງອາຫານ

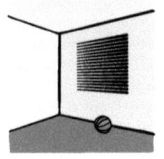

floor

ພື້ນ

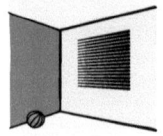

wall

ຝາຜະໜັງ

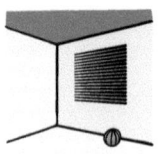

ceiling

ເພດານ

cellar

ຫ້ອງເກັບເຄື່ອງໃຕ້ດິນ

sauna

ຫ້ອງອົບອາຍນ້ຳ

balcony

ລະບຽງ

terrace

ຊຸ້ນຕາມຂ້າງພູ

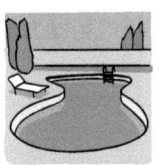

pool

ສະລອຍນ້ຳ

lawn mower

ເຄື່ອງຕັດຫຍ້າ

sheet

ຜ້າປູບ່ອນນອນ

bedspread

ຜ້າປູຕຽງ

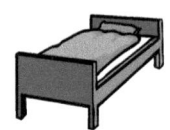

bed

ຕຽງ

broom

ຟອຍ

bucket

ຖຸ

switch

ສະວິດ

living room
ຫ້ອງຮັບແຂກ

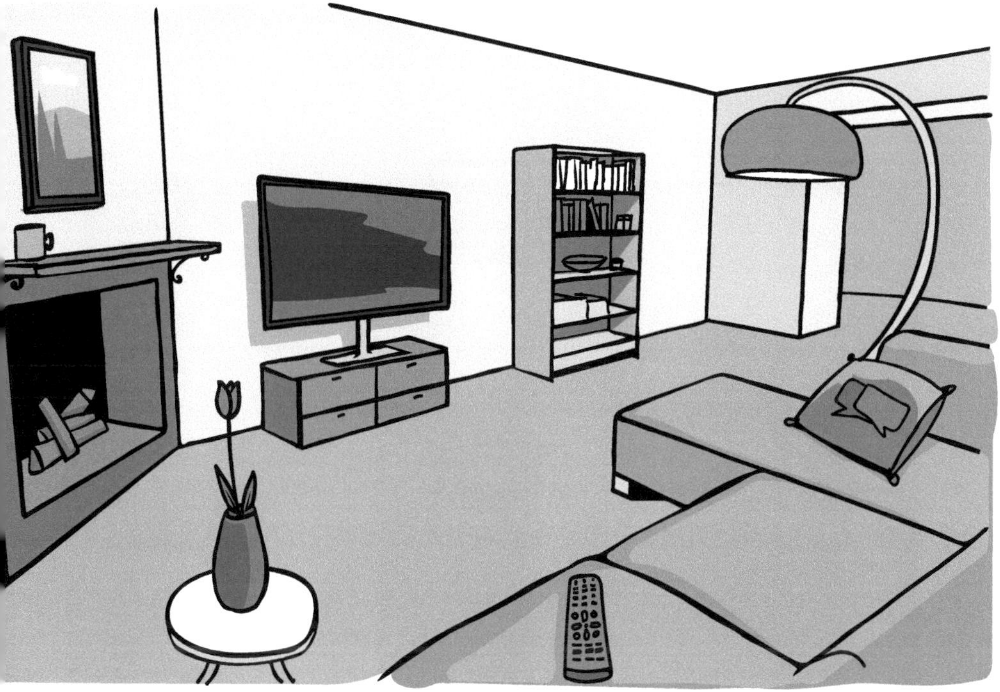

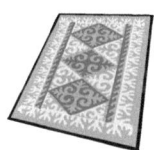

carpet

ພົມປູພື້ນ

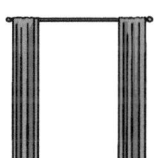

curtain

ຜ້າກັ້ງ

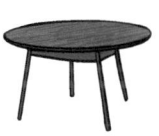

table

ໂຕະ

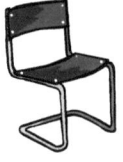

chair

ຕັ່ງນັ່ງ

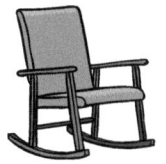

rocking chair

ຕັ່ງນັ່ງແບບໂຍກໄດ້

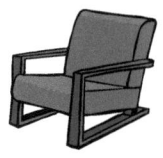

armchair

ຕັ່ງນັ່ງທີ່ມີບ່ອນວາງແຂນ

book

ໜັງສື

blanket

ຜ້າຫົ່ມ

decoration

ຂອງຕົກແຕ່ງ

firewood

ຟືນ

film

ຮູບເງົາ

hi-fi equipment

ເຄື່ອງສຽງລະບົບໄຮໄຟ

key

ກະແຈ

newspaper

ໜັງສືພິມ

painting

ການແຕ້ມຮູບ

poster

ໂປສເຕີ

radio

ວິທະຍຸ

notepad

ແຜນບັນທຶກ

hoover

ເຄື່ອງດູດຝຸ່ນ

cactus

ຕົ້ນກະບອງເພັດ

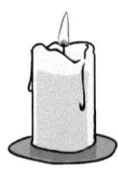

candle

ທຽນໄຂ

kitchen
ຫ້ອງຄົວ

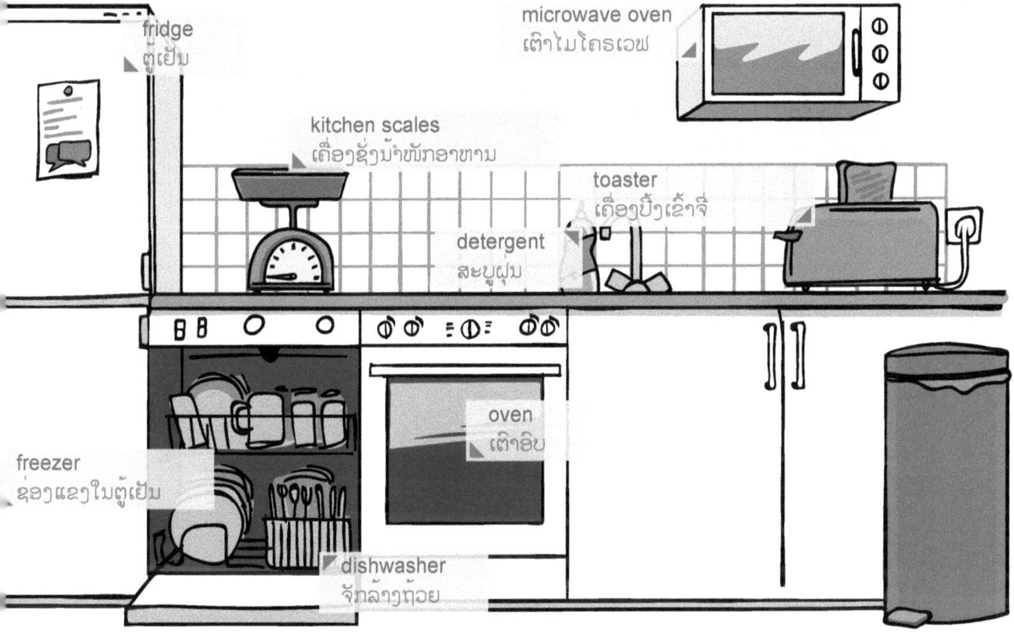
fridge
ຕູ້ເຢັນ
microwave oven
ເຕົາໄມໂຄຣເວຟ
kitchen scales
ເຄື່ອງຊັ່ງນ້ຳໜັກອາຫານ
toaster
ເຄື່ອງປີ້ງເຂົ້າຈີ່
detergent
ສະບູຝຸ່ນ
oven
ເຕົາອົບ
freezer
ຊ່ອງແຂງໃນຕູ້ເຢັນ
dishwasher
ຈັກລ້າງຖ້ວຍ

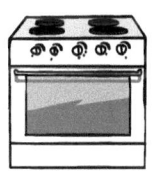

cooker

ໝໍ້ຕົ້ມ

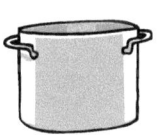

pot

ໝໍ້

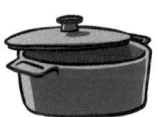

cast-iron pot

ໝໍ້ເຫຼັກຫຼໍ່

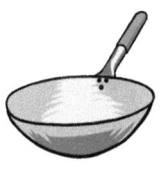

wok / kadai

ໝໍ້ກະທະຈືນ

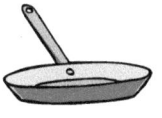

pan

ໝໍ້ກະທະກົ້ນແບນ

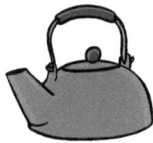

kettle

ກາຕົ້ມນ້ຳ

steamer

ໝໍ້ໂອນ້ຳ

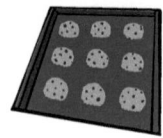

baking tray

ຖາດອົບ

crockery

ເຄື່ອງຖ້ວຍຊາມ

mug

ຈອກກາເຟ

bowl

ຖ້ວຍ

chopsticks

ໄມ້ທູ່

ladle

ຈອງດ້າມຍາວ

spatula

ຕະຫຼິວ

whisk

ເຄື່ອງຕີໄຂ່

strainer

ກະຊອນ

sieve

ເຄື່ອງຮ່ອນ

grater

ເຫຼັກຂູດ

mortar

ຄົກ

barbecue

ບາບີຄິວ

open fire

ແຄມໄຟຖ່ານວອນ

chopping board

ຂຽງ

rolling pin

ໄມ້ບົດແປ້ງ

corkscrew

ເຫຼັກໄຂຄອນແກ້ວ

can

ກະປ໋ອງ

can opener

ເຄື່ອງເປີດກະປ໋ອງ

pot holder

ຖົງມືຈັບຂອງຮ້ອນ

sink

ອ່າງລ້າງຈານ

brush

ແປງ

sponge

ຟອງນ້ຳ

blender

ເຄື່ອງປັ່ນ

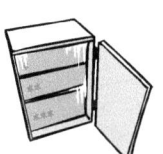

deep freezer

ຕູ້ແຊແຂງ

baby bottle

ຂວດນົມ

tap

ກ໊ອກນ້ຳ

bathroom

ຫອງນ້ຳ

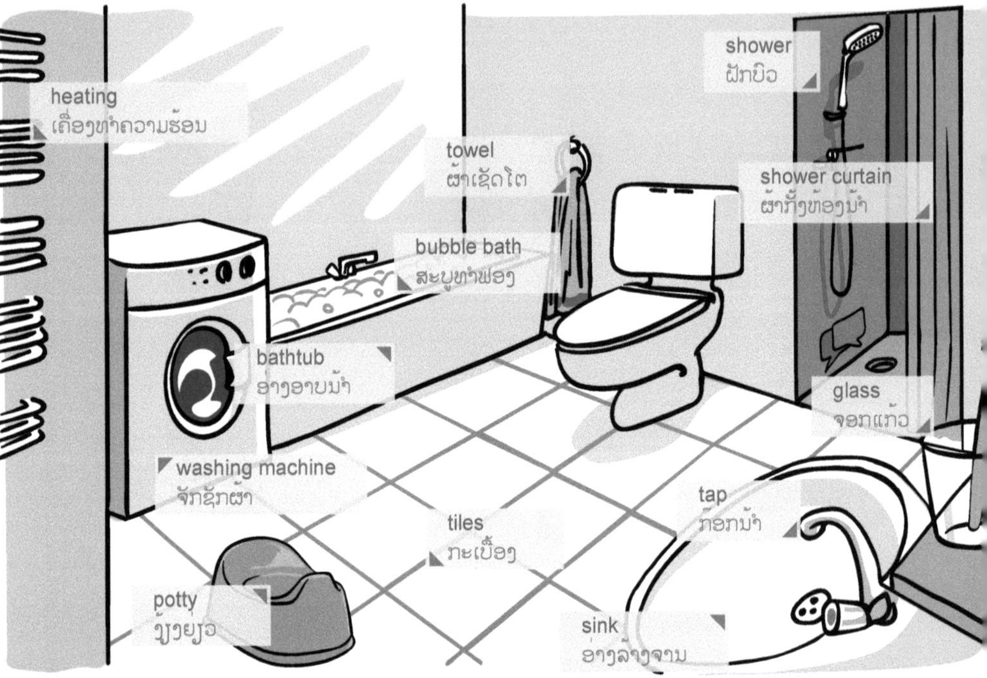
heating
ເຄື່ອງທຳຄວາມຮ້ອນ
shower
ຝັກບົວ
towel
ຜ້າເຊັດໂຕ
shower curtain
ຜ້າກັ້ງຫ້ອງນ້ຳ
bubble bath
ສະບູທຳຟອງ
bathtub
ອ່າງອາບນ້ຳ
glass
ຈອກແກ້ວ
washing machine
ຈັກຊັກຜ້າ
tap
ກ໊ອກນ້ຳ
tiles
ກະເບື້ອງ
potty
ງູງຍ່ຽວ
sink
ອ່າງລ້າງຈານ

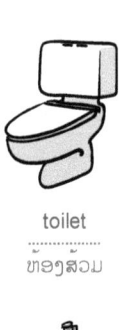

toilet
ຫ້ອງສ້ວມ

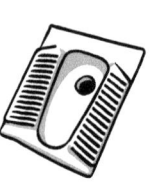

squat toilet
ໂຖສ້ວມແບບນັ່ງຍອງ

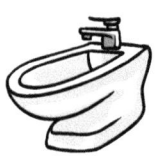

bidet
ໂຖຍ່ຽວຂອງຜູ້ຍິງ

urinal
ໂຖຍ່ຽວຂອງຜູ້ຊາຍ

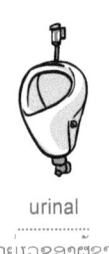

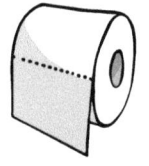

toilet paper
ກະດາດຊຳລະທີ່ໃຊ້ໃນຫ້ອງນ້ຳ

toilet brush
ແປງຂັດຫ້ອງນ້ຳ

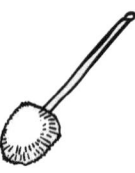

toothbrush

ແປງສີຟັນ

toothpaste

ຢາສີຟັນ

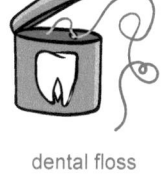

dental floss

ໄໝຂັດແຂ້ວ

wash

ລ້າງ

handheld shower

ຝັກບົວອາບນ້ຳທີ່ໃຊ້ມືຈັບ

douche

ເຄື່ອງສິດລ້າງ

basin

ອ່າງລ້າງໜ້າ

back brush

ແປງຖູຫົວ

soap

ສະບູ

shower gel

ເຈລອາບນ້ຳ

shampoo

ແຊມພູ

flannel

ຜ້າຖູໂຕນ້ອຍ

drain

ທໍ່ລະບາຍນ້ຳເສຍ

cream

ຄີມ

deodorant

ຢາດັບກິ່ນ

mirror

ແວ່ນແຍງ

hand mirror

ແວ່ນມີຖື

razor

ມິດແຖຫນວດ

shaving foam

ໂຟມແຖຫນວດ

aftershave

ໂລຊັນບຳລຸຜີວຫຼັງແຖຫນວດ

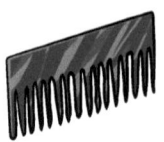

comb

ຫວີ

brush

ແປງ

hair dryer

ຈັກເປົ່າຜົມ

hairspray

ສະເປຊີດຜົມ

makeup

ຊຸດເຄື່ອງສຳອາງ

lipstick

ລິບສະຕິກທາສົບ

nail varnish

ນ້ຳຍາທາເລັບ

cotton wool

ສຳລີ

nail scissors

ມິດຕັດເລັບ

perfume

ນ້ຳຫອມ

washbag

ກະເປົາອາບນ້ຳ

stool

ຕັ່ງສາມຂາ

weighing scale

ເຄື່ອງຊັ່ງນ້ຳຫັນກ

bathrobe

ເສື້ອຄຸມອາບນ້ຳ

rubber gloves

ຖົງມືຢາງ

tampon

ຜ້າອະນາໄມແບບສອດ

sanitary towel

ຜ້າອະນາໄມ

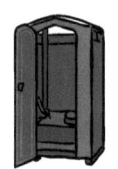

chemical toilet

ຫ້ອງນ້ຳເຄມີ

child's room
ຫອງພັກສຳລັບເດັກນອຍ

alarm clock
ໂມງປຸກ
cuddly toy
ຂອງຫຼິ້ນທີ່ໜ້າຮັກ
toy car
ລົດຂອງຫຼິ້ນ
rattle
ເຄື່ອງຫຼິ້ນເດັກນ້ອຍທີ່ສັ່ນດັງແຊັກໆ
doll's house
ບ້ານຕຸກກະຕາ
present
ຂອງຂວັນ

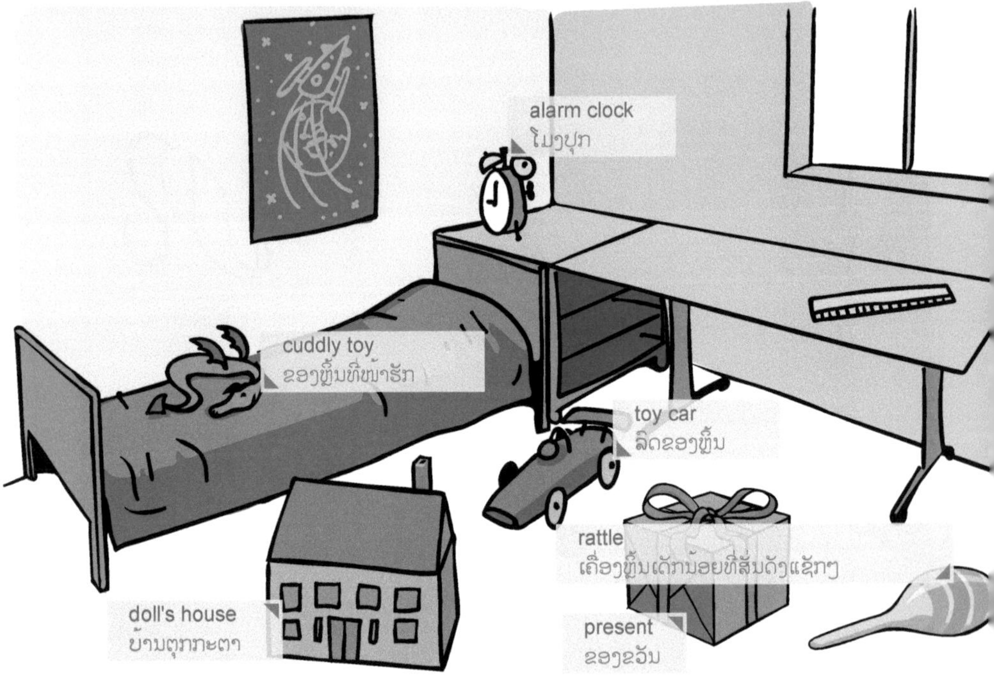

balloon

ໝາກປຸມເປົ້າ

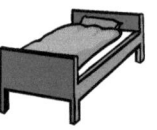

bed

ຕຽງ

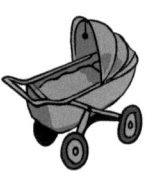

pram

ລົດຍູ້ເດັກ

deck of cards

ຊຸມໄພ້

jigsaw

ຈິກຊໍ

SUPER
MEGA

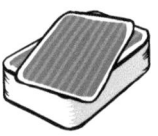

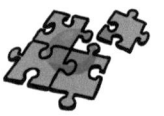

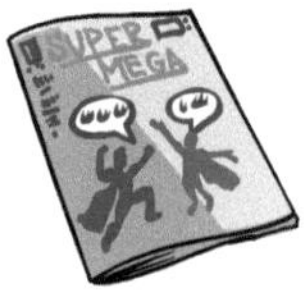

comic

ໜັງສືກາຕູນ

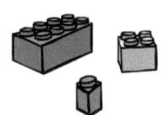

lego bricks

ຕິດຕໍ່ເລໂກ້

building blocks

ບລ້ອກຂອງຫຼິ້ນ

action figure

ຮູບປັ້ນທີ່ເຄື່ອນໄຫວໄດ້

babygrow

ເສື້ອຜ້າເດັກເກີດໃໝ່

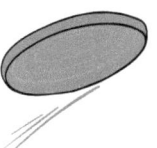

frisbee

ຈານບິນ

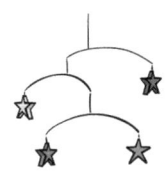

mobile

ສິ່ງທີ່ແກວ່ງໄປມາແຂນຢູ່ເທິງຫົວ
ຕຽງເດັກນອຍ

board game

ເກມກະດານ

dice

ໝາກກະລ່ອກ

model train set

ຊຸດລົດໄຟຈຳລອງ

dummy

ຮູບຫຸນ

party

ງານລ້ຽງ

picture book

ໜັງສືພາບ

ball

ໝາກບານ

doll

ຕຸກກະຕາ

play

ຫຼິ້ນ

sandpit

ຂຸມດິນຊາຍສຳລັບເດັກນ້ອຍຫຼິ້ນ

swing

ຊິງຊ້າ

toys

ຂອງຫຼິ້ນ

video game console

ເຄື່ອງຫຼິ້ນວິດີໂອເກມ

tricycle

ລົດຖີບສາມລໍ້

teddy bear

ຕຸກກະຕາໝີ

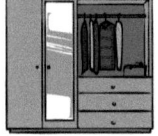

wardrobe

ຕູ້ເສື້ອຜ້າ

clothing

ເສື້ອຜ້າ

socks

ລອງເທົ້າ

stockings

ຖົງເທົ້າຍາວຜູ້ຍິງ

tights

ໂສ້ງຢືດແບບເມື້ອ

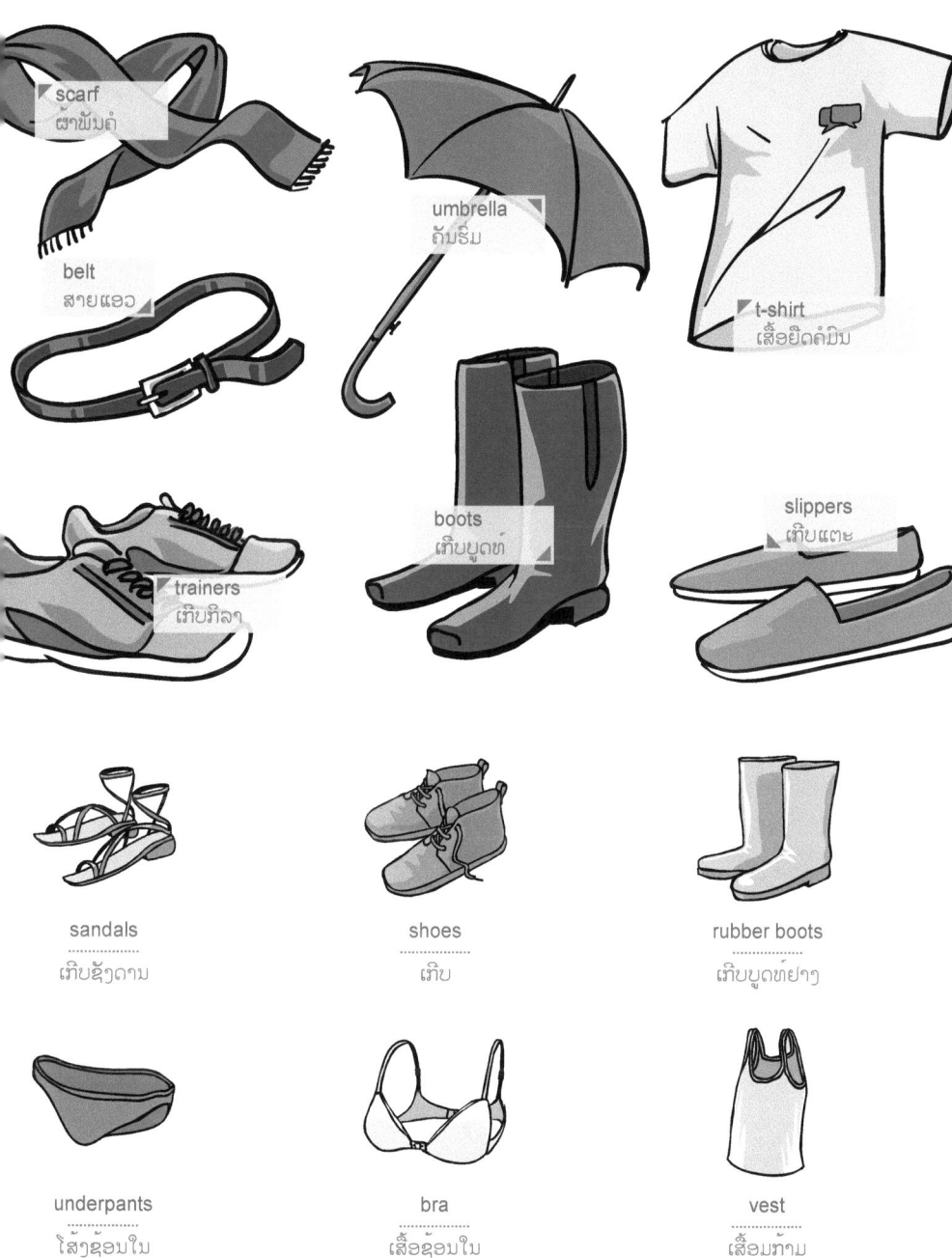

scarf
ຜ້າພັນຄໍ

belt
ສາຍແອວ

umbrella
ຄັນຮົ່ມ

t-shirt
ເສື້ອຍືດຄໍມົນ

trainers
ເກີບກິລາ

boots
ເກີບບູດທ໌

slippers
ເກີບແຕະ

sandals
ເກີບຫ້າງດາມ

shoes
ເກີບ

rubber boots
ເກີບບູດທ໌ຍາງ

underpants
ໃສ້ງຊ້ອນໃນ

bra
ເສື້ອຊ້ອນໃນ

vest
ເສື້ອກ້າມ

clothing - ເສື້ອຜ້າ
45

body
ເສື້ອຮັດທຸ່ມ

trousers
ໂສ້ງຂາຍາວ

jeans
ໂສ້ງຍິນ

skirt
ກະໂປ່ງ

blouse
ເສື້ອຜູ້ຍິງ

shirt
ເສື້ອເຊີດ

pullover
ເສື້ອກັນໜາວ

hoodie
ເສື້ອຄຸມມີໝວກ

blazer
ເສື້ອໃໝ່ທີ່ຕິດກາໂຊງຽນຫຼືກາທີ
ມກິລາ

jacket
ເສື້ອແຈັກເກັດ

coat
ເສື້ອນອກ

raincoat
ເສື້ອກັນຝົນ

costume
ເຄື່ອງແຕ່ງກາຍ

dress
ກະໂປ່ງ

wedding dress
ຊຸດແຕ່ງງານ

suit

ເສື້ອສູດ

nightgown

ຊຸດລາຕີ

pyjamas

ຊຸດນອນ

sari

ຊຸດຊາຣີ

headscarf

ຜ້າຄຸມຫົວ

turban

ຜ້າພັນຫົວ

burqa

ເສື້ອບຸຣຸເກາະ

kaftan

ເສື້ອຄຸມຄາຟຕານ

abaya

ເສື້ອຄຸມອາບາຢາ

swimsuit

ຊຸດລອຍນ້ຳ

trunks

ໂສ້ງໃສ່ລອຍນ້ຳ

shorts

ໂສ້ງຂາສັ້ນ

tracksuit

ຊຸດວອມ

apron

ຜ້າກັນເປື້ອນ

gloves

ຖົງມື

button

ກະດຸມ

glasses

ແວ່ນຕາ

bracelet

ປອກແຂນ

necklace

ສ້ອຍຄໍ

ring

ແຫວນ

earring

ຕຸ້ມຫູ

cap

ໝວກແກັບ

coat hanger

ກ້າງແຂນເສື້ອນອກ

hat

ໝວກ

tie

ກາລະຫວັດ

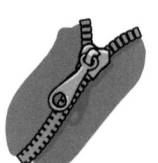

zip

ຊິບ

helmet

ໝວກກັນກະທົບ

braces

ສາຍໂຍງໂສ້ງ

school uniform

ຊຸດນັກຮຽນ

uniform

ເຄື່ອງແບບ

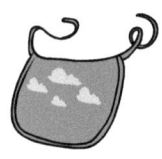

bib

ຜ້າກັນເປື້ອນເດັກ

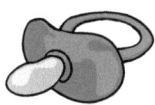

dummy

ຮູບຫຸ່ນ

nappy

ຜ້າອ້ອມ

office

ຫ້ອງການ

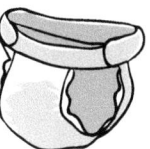

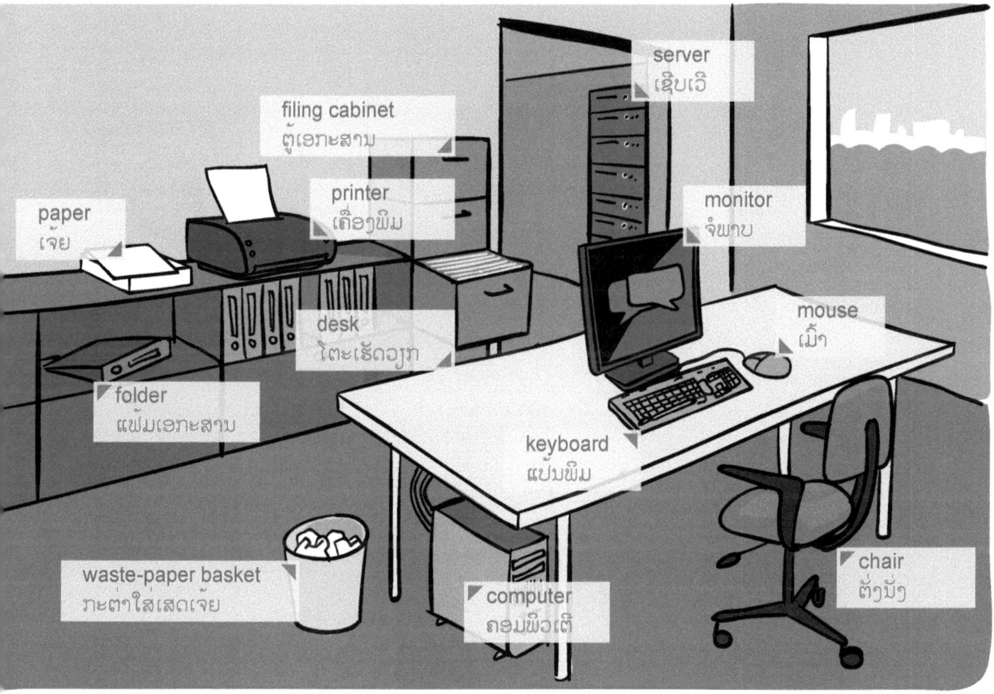

server
ເຊີບເວີ
filing cabinet
ຕູ້ເອກະສານ
printer
ເຄື່ອງພິມ
paper
ເຈ້ຍ
monitor
ຈໍພາບ
mouse
ເມົ້າ
desk
ໂຕະເຮັດວຽກ
folder
ແຟ້ມເອກະສານ
keyboard
ແປ້ນພິມ
waste-paper basket
ກະຕ່າໃສ່ເສດເຈ້ຍ
computer
ຄອມພິວເຕີ
chair
ຕັ່ງນັ່ງ

coffee mug

ຈອກຫິນໃສ່ກາເຟ

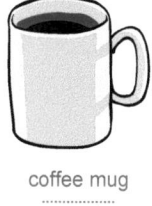

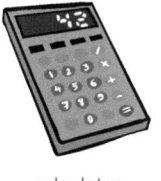

calculator

ເຄື່ອງຄິດເລກ

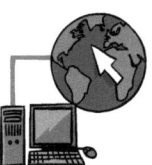

internet

ອິນເຕີເນັດ

laptop

ຄອມພິວເຕີແລັບທ້ອບ

letter

ຈົດໝາຍ

message

ຂໍ້ຄວາມ

mobile

ໂທລະສັບມືຖື

network

ເຄືອຂ່າຍ

photocopier

ເຄື່ອງຖ່າຍເອກະສານ

software

ຊອບແວ

telephone

ໂທລະສັບ

plug socket

ປັກໄຟ

fax machine

ເຄື່ອງແຟັກ

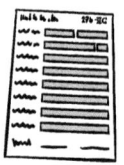

form

ແບບຟອມ

document

ເອກະສານ

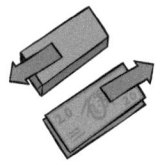

buy
ຊື້

pay
ຈ່າຍ

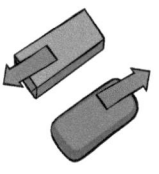

trade
ຄ້າຂາຍ

money
ເງິນ

dollar
ເງິນດອນລາ

euro
ເງິນຢູໂຣ

yen
ເງິນເຢນ

rouble
ເງິນຣູເບິລ

Swiss franc
ເງິນຝຣັງສະວິດ

renminbi yuan
ເງິນຢວນເຣິນໜິນປີ້

rupee
ເງິນຣູປີ

cashpoint
ເຄື່ອງສໍລັບກົດເງິນສົດຈາກທະນ
າຄານ

bureau de change

ບ່ອນແລກປ່ຽນເງິນຕາ

gold

ທອງຄຳ

silver

ເງິນ

oil

ນ້ຳມັນ

energy

ພະລັງງານ

price

ລາຄາ

contract

ສັນຍາ

tax

ພາສີ

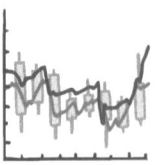

stock

ຫຸ້ນ

work

ເຮັດວຽກ

employee

ລູກຈ້າງ

employer

ນາຍຈ້າງ

factory

ໂຮງງານ

shop

ຮ້ານຄ້າ

occupations
ອາຊີບ

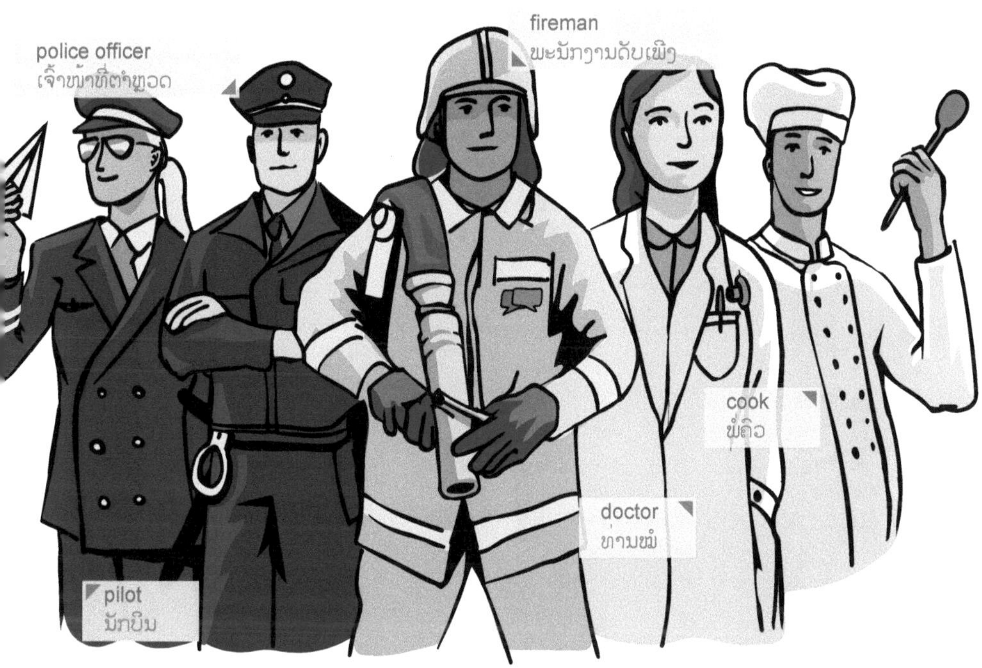
police officer
ເຈົ້າໜ້າທີ່ຕຳຫຼວດ
fireman
ພະນັກງານດັບເພີງ
cook
ພໍ່ຄົວ
doctor
ທ່ານໝໍ
pilot
ນັກບິນ

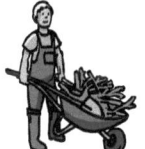

gardener

ຊາວສວນ

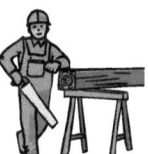

carpenter

ຊ່າງໄມ້

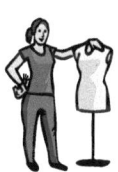

seamstress

ຊ່າງຫຍິບຜ້າທີ່ເປັນຜູ້ຍິງ

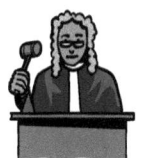

judge

ຜູ້ພິພາກສາ

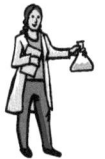

chemist

ນັກເຄມີ

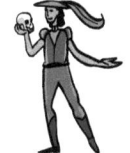

actor

ນັກສະແດງຊາຍ

bus driver

ຄົນຂັບລົດເມປະຈຳທາງ

taxi driver

ຄົນຂັບແທັກຊີ

fisherman

ຊາວປະມົງ

cleaning lady

ແມ່ບ້ານທຳຄວາມສະອາດ

roofer

ຊ່າງມຸງຫັ້ວຄາ

waiter

ຄົນເສີບຂາຍ

hunter

ນາຍພານ

painter

ຊ່າງທາສີ

baker

ຄົນເຮັດເຂົ້າໜົມປັ້ງ

electrician

ຊ່າງໄຟຟ້າ

builder

ຊ່າງກໍ່ສ້າງ

engineer

ວິສະວິກອນ

butcher

ຄົນຂາຍຊີ້ນ

plumber

ຊ່າງນ້ຳປະປາ

postman

ບຸລຸດໄປສະນີ

soldier

ທະຫານ

architect

ສະຖາປະນິກ

cashier

ພະນັກງານເກັບສິດ

florist

ຄົນຂາຍດອກໄມ້

hairdresser

ຊ່າງແຕ່ງຜົມ

conductor

ພະນັກງານກວດປີ້ລົດ

mechanic

ຊ່າງສ້ອມລົດຍົນ

captain

ຜູ້ບັງຄັບການ

dentist

ທ່ານຕະແພດ

scientist

ນັກວິທະຍາສາດ

rabbi

ພະໃນສາສະໜາຢິວ

imam

ຜູ້ນຳຂາວມຸສລິມ

monk

ຄູບາ

clergyman

ນັກບວດ

tools
ເຄື່ອງມື

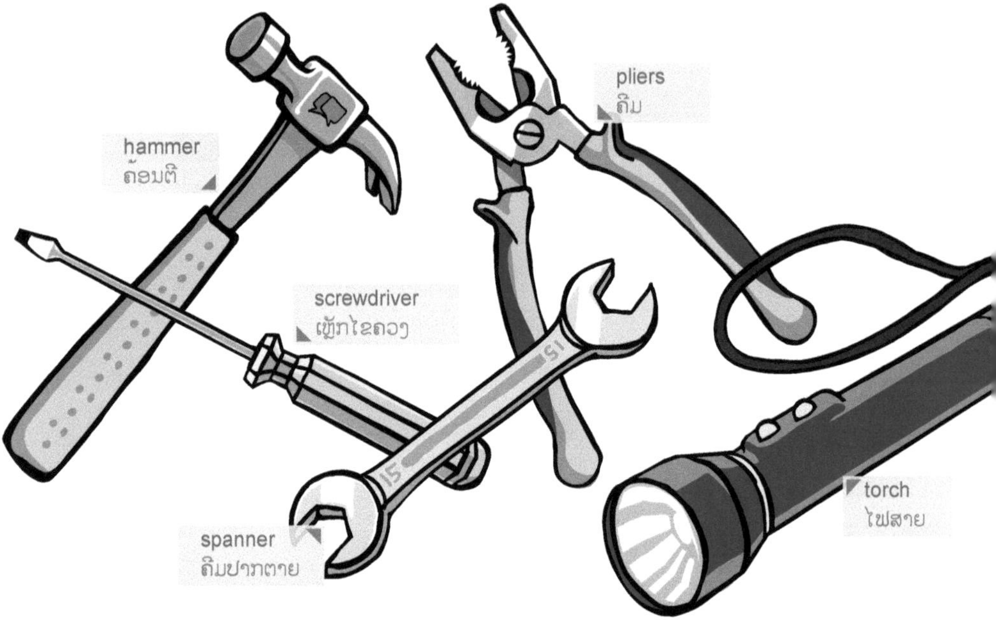
pliers
ຄີມ
hammer
ຄ້ອນຕີ
screwdriver
ເຫຼັກໄຂຄວງ
torch
ໄຟສາຍ
spanner
ຄີມປາກຕາຍ

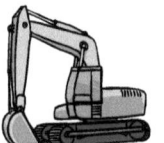

digger
ເຄື່ອງຂຸດ

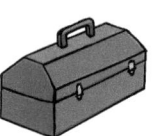

toolbox
ກັບເຄື່ອງມື

ladder
ຂັ້ນໄດ

saw
ເລື່ອຍ

nails
ຕະປູ

drill
ເຫຼັກຊີ

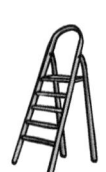

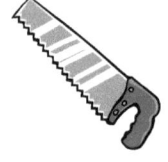

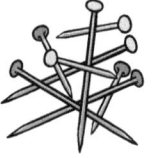

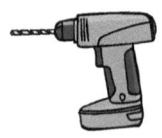

repair
ສ້ອມແປງ

shovel
ຊ້ອນ

Damn!
ຕາຍຫາ!

dustpan
ຂອງຊ້ອນຂີ້ເຫຍື້ອ

paint pot
ຖັ້ງສີ

screws
ຕະປູກງວ

musical instruments
ເຄື່ອງດົນຕີ

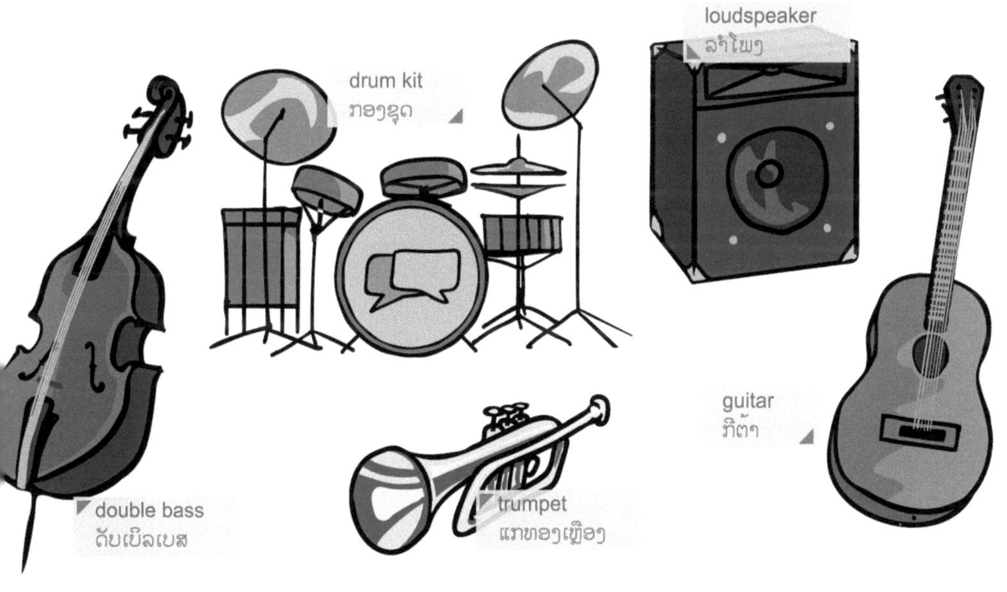

drum kit
ກອງຊຸດ

loudspeaker
ລຳໂພງ

double bass
ດັບເບິ້ລເບສ

trumpet
ແກາທອງເຫຼືອງ

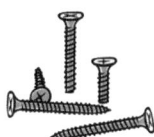

guitar
ກິຕ້າ

piano

ເປຍໂນ

violin

ໄວໄອລິນ

bass

ເບສ

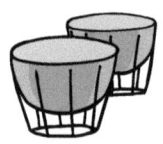

timpani

ກອງທິມປານິ

drums

ກອງຊຸດ

keyboard

ຄີບອດ

saxophone

ແຊັກໂຊໂຟນ

flute

ຂຸຍ

microphone

ໄມໂຄຣໂຟນ

tiger
ເສືອ

entrance
ທາງເຂົ້າ

cage
ກົງຂັງສັດ

zebra
ມ້າລາຍ

animal feed
ອາຫານສັດ

panda
ໝີແພນດ້າ

animals

ສັດ

elephant

ຊ້າງ

kangaroo

ກັງກາຣູ

rhino

ແຣດ

gorilla

ລີງໂກຣິນລາໃຫຍ່

bear

ໝີ

camel

ອູດ

ostrich

ນົກກະຈອກເທດ

lion

ສິງໂຕ

monkey

ລິງ

flamingo

ນົກຟລາມິງໂກ

parrot

ນົກແກ້ວ

polar bear

ໝີຂົ້ວໂລກ

penguin

ນົກເພັນກວິນ

shark

ປາສະຫຼາມ

peacock

ນົກຍູງ

snake

ງູ

crocodile

ແຂ້

zookeeper

ຜູ້ເບິ່ງແຍງສວນສັດ

seal

ແມວນ້ຳ

jaguar

ເສືອຈາກົວ

pony

ມ້າພັນນ້ອຍ

leopard

ເສືອດາວ

hippo

ຮິບໂປ

giraffe

ໂຕຈິຣາຟ

eagle

ໜງວ

boar

ໝູປ່າຕົວຜູ້

fish

ປາ

turtle

ເຕົ່າ

walrus

ຊ້າງນ້ຳ

fox

ໝາຈອກ

gazelle

ກວາງນ້ອຍ

American football
ອາເມລິກັນຟຸດບອນ

cycling
ຂີ່ລົດຖີບ

tennis
ກິລາເທນນິສ

basketball
ບັສເກັດບອລ

swimming
ກິລາລອຍນ້ຳ

boxing
ຂີ່ງມວຍ

ice hockey
ກິລາຕີຄີເດີ້ມນ້ຳແຂງ

football
ກິລາເຕະບານ

badminton
ກິລາຕີດອກປີກໄກ່

athletics
ກິລາປະເພດ ແລ່ນ
ເຕັ້ນແລະແກວງ

handball
ແຮນບອລ

skiing
ກິລາສະກີ້

polo
ກິລາໂປໂລມ້າ

laugh
ທິວ

jump
ໂດດ

hug
ກອດ

walk
ຍ່າງ

sing
ຮ້ອງເພງ

dream
ຝັນ

pray
ໄຫວ້ພະ / ສວດມົນ

kiss
ຈູບ

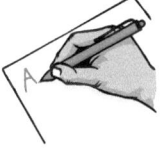

write

ຂຽນ

draw

ແຕ້ມ

show

ສະແດງ

push

ຍູ້

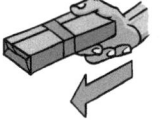

give

ໃຫ້

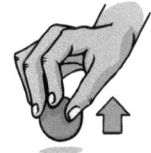

take

ເອົາໄປ

have

ມີ

do

ເຮັດ

be

ເປັນ

stand

ຢືນ

run

ແລ່ນ

pull

ດຶງ

throw

ໂຍນ

fall

ລົ້ມ

lie

ນອນຢຽດ

wait

ລໍຖ້າ

carry

ຖື

sit

ນັ່ງ

get dressed

ແຕ່ງຕົວ

sleep

ນອນຫຼັບ

wake up

ຕື່ນນອນ

look at
ເບິ່ງ

cry
ຮ້ອງໄຫ້

stroke
ລູບ

comb
ຫວີຜົມ

talk
ລົມ

understand
ເຂົ້າໃຈ

ask
ຖາມຖາມ

listen
ຟັງ

drink
ດື່ມ

eat
ກິນ

tidy up
ຈັດໃຫ້ເປັນລະບຽບ

love
ຮັກ

cook
ຄົວກິນ

drive
ຂັບລົດ

fly
ບິນ

activities - ກິດຈະກຳ

sail

ແລນເຮືອ

calculate

ຄິດໄລ່

read

ອ່ານ

learn

ຮຽນຮູ້

work

ເຮັດວຽກ

marry

ແຕ່ງງານ

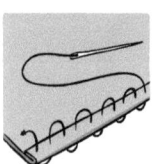

sew

ຫຍິບ

brush teeth

ແປງຟັນ

kill

ຂ້າ

smoke

ສູບຢາ

send

ສົ່ງ

grandmother
ແມ່ເຖົ້າ

grandfather
ພໍ່ເຖົ້າ

father
ພໍ່

mother
ແມ່

baby
ເດັກເກີດໃໝ່

daughter
ລູກສາວ

son
ລູກຊາຍ

guest

ແຂກ

aunt

ປ້າ

uncle

ລຸງ

brother

ອ້າຍນ້ອງ

sister

ເອື້ອຍນ້ອງ

body

ຮາງກາຍ

forehead
ໜ້າຜາກ
eye
ຕາ
face
ໃບໜ້າ
chin
ຄາງ
breast
ໜ້າເອິກ
finger
ນິ້ວມື
hand
ມື
arm
ແຂນ
shoulder
ບ່າໄຫຼ່
leg
ຂາ

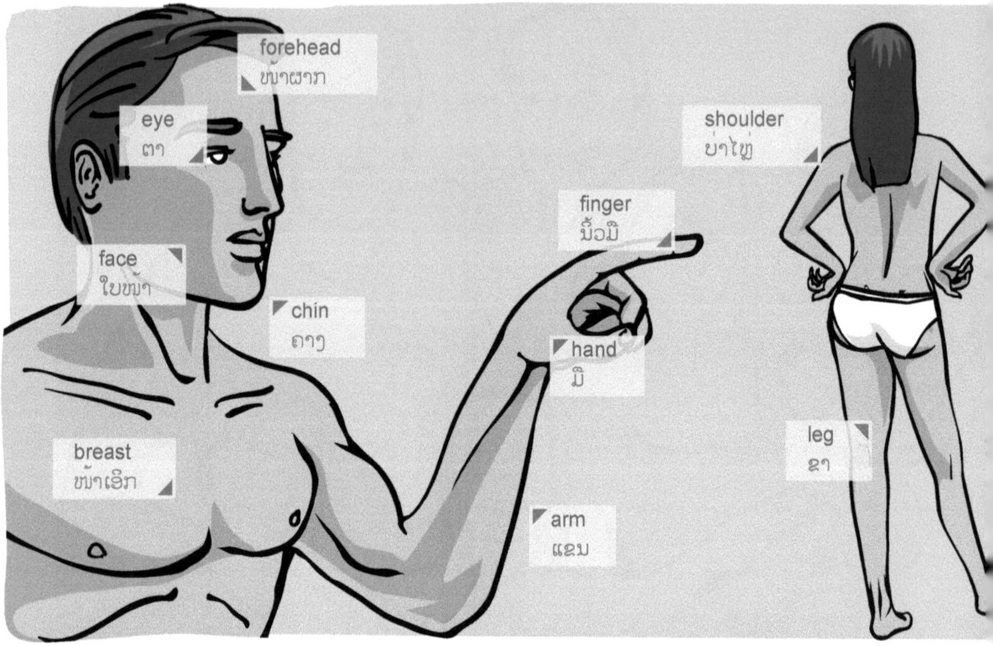

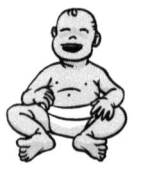

baby

ເດັກເກີດໃໝ່

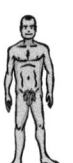

man

ຜູ້ຊາຍ

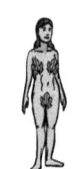

woman

ຜູ້ຍິງ

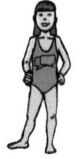

girl

ເດັກຍິງ

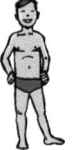

boy

ເດັກຊາຍ

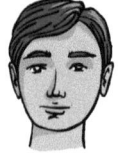

head

ຫົວ

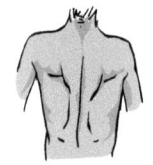

back

ຫຼັງ

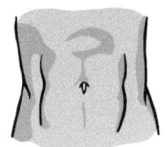

belly

ທ້ອງ

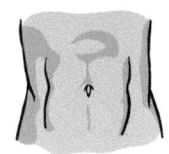

belly button

ສະບື

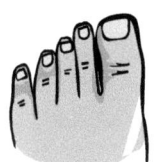

toe

ນິ້ວຕີນ

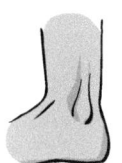

heel

ສົ້ນຕີນ

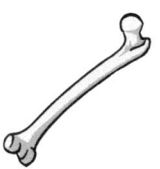

bone

ກະດູກ

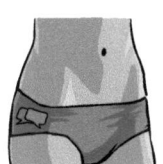

hip

ກະໂພກ

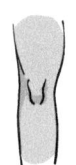

knee

ຫົວເຂົ່າ

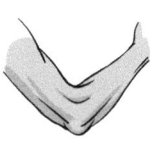

elbow

ແຂນສອກ

nose

ດັງ

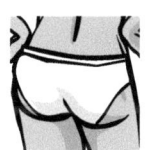

bottom

ກົ້ນ

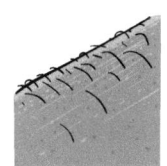

skin

ຜິວໜັງ

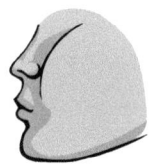

cheek

ແກ້ມ

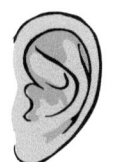

ear

ຫູ

lip

ຮິມສົບ

mouth

ປາກ

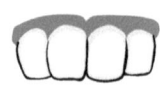

tooth

ແຂ້ວ

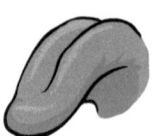

tongue

ລິ້ນ

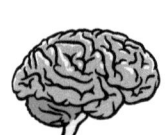

brain

ສະໝອງ

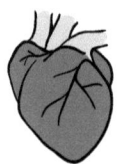

heart

ຫົວໃຈ

muscle

ກ້າມເນື້ອ

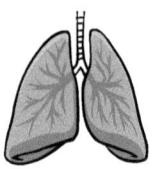

lung

ປອດ

liver

ຕັບ

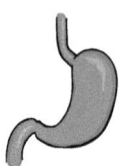

stomach

ກະເພາະ

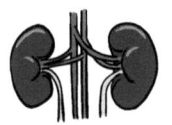

kidneys

ໄຕ

sex

ເພດສຳພັນ

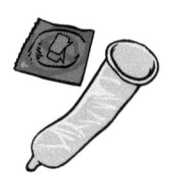

condom

ຖົງຢາງອະນາໄມ

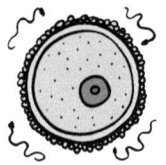

ovum

ເຊລສືບພັນ

semen

ນ້ຳອະສຸຈິ

pregnancy

ການຖືພາ

body - ຮ່າງກາຍ

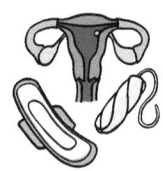

menstruation

ປະຈຳເດືອນ

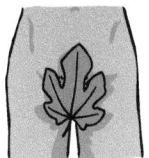

vagina

ຊ່ອງຄອດ

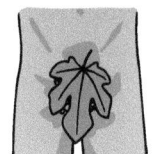

penis

ອະໄວຍະວະເພດຊາຍ

eyebrow

ຄີ້ວ

hair

ເສັ້ນຜົມ

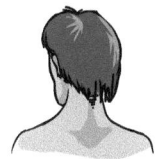

neck

ຄໍ

hospital
ໂຮງໝໍ

hospital
ໂຮງໝໍ
ambulance
ລົດໂຮງໝໍ
wheelchair
ລໍ້ລົດ
fracture
ຮອຍແຕກ

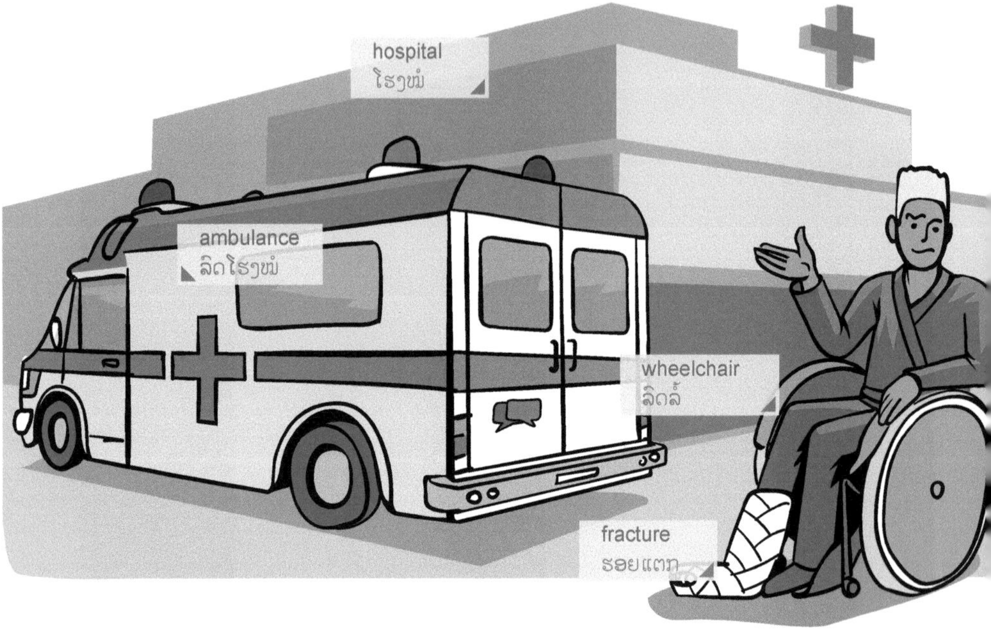

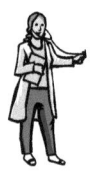

doctor
ທ່ານໝໍ

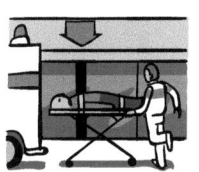

emergency room
ຫ້ອງສຸກເສີນ

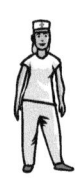

nurse
ພະຍາບານ

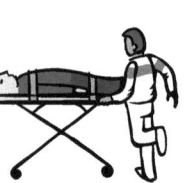

emergency
ສຸກເສີນ

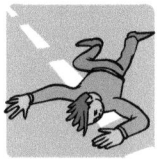

unconscious
ໝົດສະຕິ

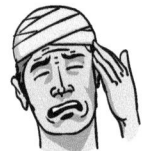

pain
ອາການເຈັບປວດ

injury

ການບາດເຈັບ

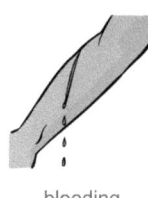

bleeding

ເລືອດໄຫຼ

heart attack

ຫົວໃຈວາຍ

stroke

ຫຼອດເລືອດໃນສະໝອງ

allergy

ອາການແພ້

cough

ໄອ

fever

ໄຂ້

flu

ໄຂ້ຫວັດ

diarrhoea

ຖອກທ້ອງ

headache

ເຈັບຫົວ

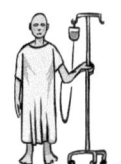

cancer

ໂຮກມະເລງ

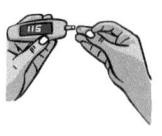

diabetes

ພະຍາດເບົາຫວານ

surgeon

ໝໍຜ່າຕັດ

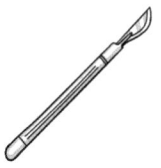

scalpel

ມິດຜ່າຕັດ

operation

ການຜ່າຕັດ

CT

ເຄື່ອງເອັກຊິເຣຄອມພິວເຕີ

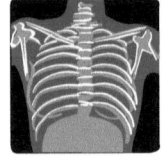

x-ray

ເອັກຊ໌-ເຣ

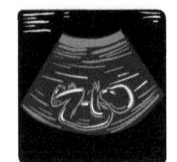

ultrasound

ອຸລຕຣາຊາວ (ultrasound)

face mask

ໜ້າກາກອະນາໄມ

disease

ພະຍາດ

waiting room

ຫ້ອງລໍຖ້າ

crutch

ໄມ້ຄໍ້ຂີ້ແຮ້

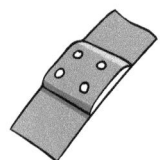

plaster

ຜ້າຢາງຕິດບາດ

bandage

ຜ້າພັນແຜ

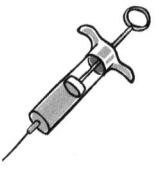

injection

ສັກຢາ

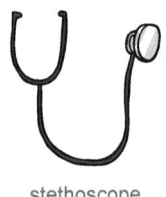

stethoscope

ເຄື່ອງຟັງປອດຫົວໃຈ

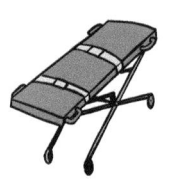

stretcher

ເປຫາມຄົນເຈັບ

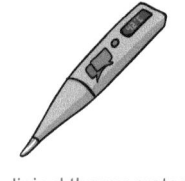

clinical thermometer

ບາຫຼອດວັດໄຂ້

birth

ການເກີດ

overweight

ນ້ຳໜັກເກີນ

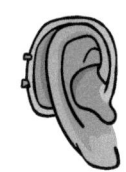

hearing aid

ເຄື່ອງຊ່ວຍຟັງ

disinfectant

ນ້ຳຢາຂ້າເຊື້ອ

infection

ການຕິດເຊື້ອ

virus

ເຊື້ອໄວຣັສ

HIV / AIDS

HIV / ເອດສ໌

medicine

ຢາ

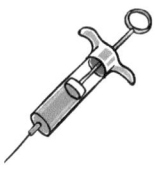

vaccination

ການສັກວັກຊີນ

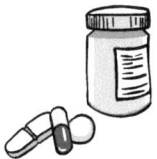

tablets

ຢາເມັດ

pill

ຢາເມັດ

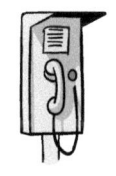

emergency call

ໂທອອກສຸກເສີນ

blood pressure monitor

ເຄື່ອງວັດຄວາມດັນເລືອດ

ill / healthy

ໄຂ້ / ສຸຂະພາບດີ

Help!

ຊ່ວຍດ້ວຍ!

alarm

ສັນຍານເຕືອນໄພ

assault

ການທຳຮ້າຍຮ່າງກາຍ

attack

ການໂຈມຕີ

danger

ອັນຕະລາຍ

emergency exit

ທາງອອກສຸກເສີນ

Fire!

ໄຟໄໝ້!

fire extinguisher

ບັ້ງດັບເພີງ

accident

ອຸປະຕິເຫດ

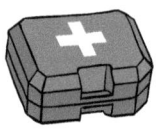

first-aid kit

ຊຸດປະຖົມພະຍາບານຂັ້ນຕົ້ນ

SOS

ສັນຍານຂໍຄວາມຊ່ວຍເຫຼືອ

police

ຕຳຫຼວດ

Europe

ເອີຣົບ

North America

ອາເມລິກາເໜືອ

South America

ອາເມລິກາໃຕ້

Africa

ອາຟຣິກາ

Asia

ເອເຊຍ

Australia

ອອສເຕຣເລຍ

Atlantic

ແອດແລນຕິກ

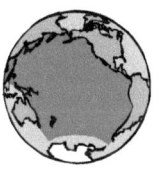

Pacific

ປາຊິຟິກ

Indian Ocean

ມະຫາສະໝຸດອິນເດຍ

Antarctic Ocean

ມະຫາສະໝຸດແອນຕາຣຕິກ

Arctic Ocean

ມະຫາສະໝຸດອາກຕິກ

North Pole

ຂົ້ວໂລກເໜືອ

South Pole

ຂົ້ວໂລກໃຕ້

Antarctica

ແອນຕາຣຕິກາ

Earth

ໂລກ

land

ດິນ

sea

ທະເລ

island

ເກາະ

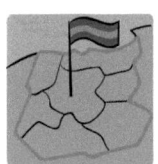

nation

ຊາດ / ປະເທດຊາດ

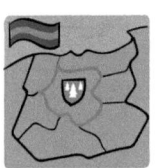

state

ລັດ

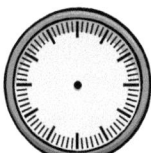

clock face

ໜ້າປັດໂມງ

hour hand

ເຂັມໂມງ

minute hand

ເຂັມນາທີ

second hand

ເຂັມວິນາທີ

What time is it?

ຈັກໂມງແລ້ວ?

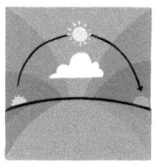

day

ວັນ

time

ເວລາ

now

ຕອນນີ້

digital watch

ໂມງດິຈິຕອລ

minute

ນາທີ

hour

ຊົ່ວໂມງ

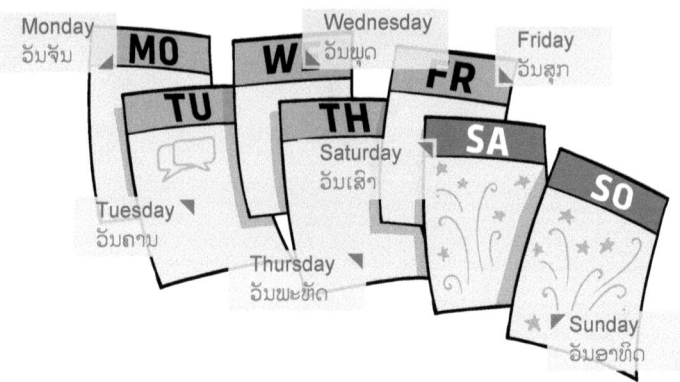

Monday
ວັນຈັນ

Wednesday
ວັນພຸດ

Friday
ວັນສຸກ

Tuesday
ວັນຄານ

Saturday
ວັນເສົາ

Thursday
ວັນພະຫັດ

Sunday
ວັນອາທິດ

yesterday
ມື້ວານນີ້

today
ມື້ນີ້

tomorrow
ມື້ອື່ນ

morning
ຕອນເຊົ້າ

noon
ຕອນທ່ຽງ

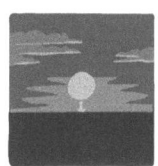

evening
ຕອນແລງ

business days
ວັນເຮັດວຽກ

weekend
ທ້າຍສັບປະດາ

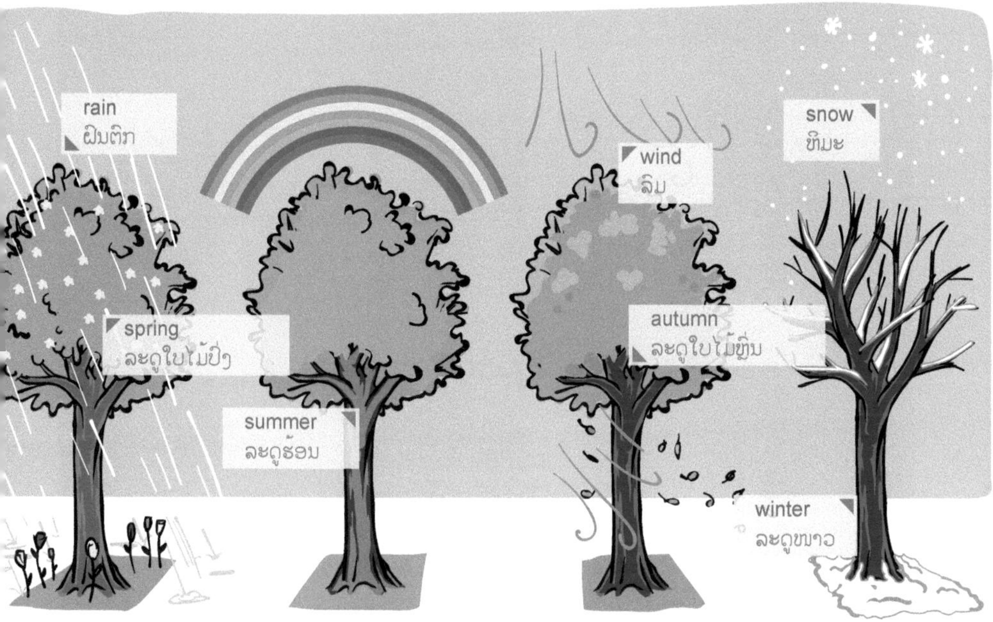

rain
ຝົນຕົກ
snow
ຫິມະ
wind
ລົມ
spring
ລະດູໃບໄມ້ປົ່ງ
autumn
ລະດູໃບໄມ້ຫຼົ່ນ
summer
ລະດູຮ້ອນ
winter
ລະດູໜາວ

4.APRIL 11°
5.APRIL 4°
6.APRIL 13°
7.APRIL 8°
8.APRIL 10°

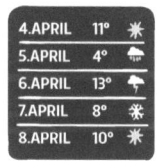

weather forecast
ການພະຍາກອນອາກາດ

F C
120 40
90 30
60 20
30 10
0 0
-30 -10
-20

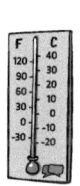

thermometer
ເຄື່ອງວັດອຸນຫະພູມ

sunshine
ແສງແດດ

cloud
ຂີ້ເຝື້ອ

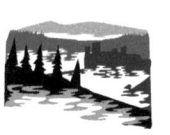

fog
ໝອກ

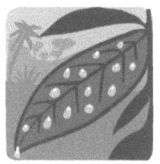

humidity
ຄວາມຊຸ່ມ

lightning

ສາຍຟ້າແມບ

thunder

ຟ້າຮ້ອງ

storm

ພະຍຸ

hail

ໝາກເຫັບ

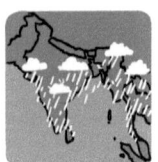

monsoon

ລົມມໍລະສຸມ

flood

ນ້ຳຖ້ວມ

ice

ນ້ຳກ້ອນ

January

ມັງກອນ

February

ກຸມພາ

March

ມີນາ

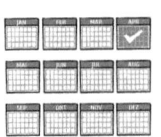

April

ເມສາ

May

ພຶດສະພາ

June

ມິຖຸນາ

July

ກໍລະກົດ

August

ສິງຫາ

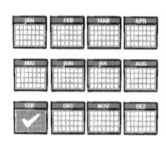

September

ກັນຍາ

October

ຕຸລາ

November

ພະຈິກ

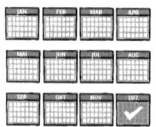

December

ທັນວາ

circle

ວົງມົນ

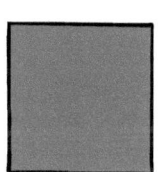

square

ສີ່ຫຼ່ຽມ

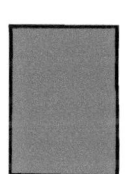

rectangle

ຮູບສີ່ຫຼ່ຽມມຸມສາກ

triangle

ສາມຫຼ່ຽມ

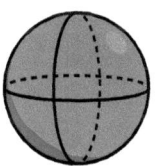

sphere

ຂອຍພິມ

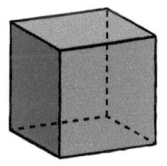

cube

ຮູບສີ່ຫຼ່ຽມມິນທົມ

ສີ

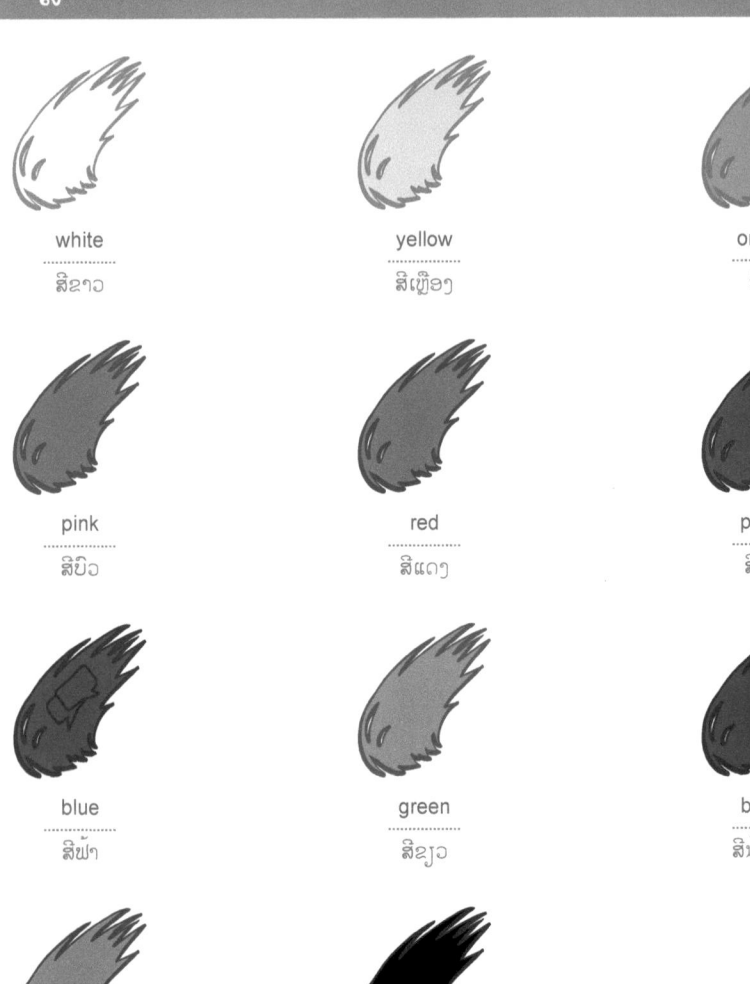

white
ສີຂາວ

yellow
ສີເຫຼືອງ

orange
ສີສົ້ມ

pink
ສີບົວ

red
ສີແດງ

purple
ສີມ່ວງ

blue
ສີຟ້າ

green
ສີຂຽວ

brown
ສີນ້ຳຕານ

grey
ສີເທົາ

black
ສີດຳ

a lot / a little

ຫຼາຍ / ໜ້ອຍ

angry / calm

ໃຈຮ້າຍ / ໃຈເຢັນ

beautiful / ugly

ງາມ / ຂີ້ຮ້າຍ

beginning / end

ການເລີ່ມຕົ້ນ / ການສິ້ນສຸດ

big / small

ໃຫຍ່ / ໜ້ອຍ

bright / dark

ແຈ້ງ / ມືດ

brother / sister

ນ້ອງຊາຍຫຼືອ້າຍ /
ນ້ອງສາວຫຼືເອື້ອຍ

clean / dirty

ສະອາດ / ເປື້ອນ

complete / incomplete

ສຳເລັດ / ບໍ່ສຳເລັດ

day / night

ກາງວັນ / ກາງຄືນ

dead / alive

ຕາຍ / ມີຊີວິດ

wide / narrow

ກວ້າງ / ແຄບ

edible / inedible

ກິນໄດ້ / ກິນບໍ່ໄດ້

evil / kind

ຊົ່ວຮ້າຍ / ໃຈດີ

excited / bored

ຂາຕື່ນເຕັ້ນ / ຫ້າເບື່ອ

fat / thin

ອ້ວນ / ຈອຍ

first / last

ທຳອິດ / ສຸດທ້າຍ

friend / enemy

ເພື່ອນ / ສັດຕຣ

full / empty

ເຕັມ / ວ່າງເປົ່າ

hard / soft

ແຂງ / ນຸ້ມ

heavy / light

ໜັກ / ເບົາ

hunger / thirst

ຄວາມຫິວ / ຄວາມຫິວນ້ຳ

ill / healthy

ໄຂ້ / ສຸຂະພາບດີ

illegal / legal

ຜິດກົດໝາຍ / ຖືກກົດໝາຍ

intelligent / stupid

ສະຫຼາດ / ໂງ່

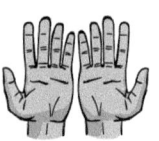

left / right

ຊ້າຍ / ຂວາ

near / far

ໃກ້ / ໄກ

new / used
ໃໝ່ / ໃຊ້ແລ້ວ

nothing / something
ບໍ່ມີຫຍັງ / ບາງສິ່ງບາງຢ່າງ

old / young
ແກ່ / ໜຸ່ມ

on / off
ເປີດ / ປິດ

open / closed
ເປີດ / ປິດ

quiet / loud
ງຽບ / ດັງ

rich / poor
ຮັ່ງມີ / ຍາກຈົນ

right / wrong
ຖືກ / ຜິດ

rough / smooth
ບໍ່ລຽບ / ລຽບ

sad / happy
ໂສກເສົ້າ / ດີໃຈ

short / long
ສັ້ນ / ຍາວ

slow / fast
ຊ້າ / ໄວ

wet / dry
ປຽກ / ແຫ້ງ

warm / cool
ອົບອຸ່ນ / ຫນາວເຢັນ

war / peace
ສົງຄາມ / ສັນຕິພາບ

ຕົວເລກ / ຈຳນວນ

0

zero

ສູນ

1

one

ໜຶ່ງ

2

two

ສອງ

3

three

ສາມ

4

four

ສີ່

5

five

ຫ້າ

6

six

ຫົກ

7

seven

ເຈັດ

8

eight

ແປດ

9

nine

ເກົ້າ

10

ten

ສິບ

11

eleven

ສິບເອັດ

12
twelve
ສິບສອງ

13
thirteen
ສິບສາມ

14
fourteen
ສິບສີ່

15
fifteen
ສິບຫ້າ

16
sixteen
ສິບຫົກ

17
seventeen
ສິບເຈັດ

18
eighteen
ສິບແປດ

19
nineteen
ສິບເກົ້າ

20
twenty
ຊາວ

100
hundred
ໜຶ່ງຮ້ອຍ

1.000
thousand
ໜຶ່ງພັນ

1.000.000
million
ໜຶ່ງລ້ານ

ພາສາ

English
ພາສາອັງກິດ

American English
ພາສາອັງກິດແບບອາເມລິກັນ

Chinese Mandarin
ພາສາຈີນແມນດາຣິນ

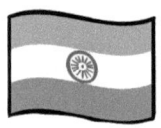

Hindi
ພາສາຮິນດິ

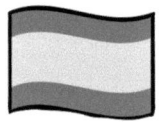

Spanish
ພາສາສະເປນ

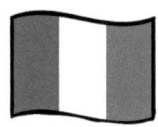

French
ພາສາຝຣັ່ງເສດ

Arabic
ພາສາອາຣັບ

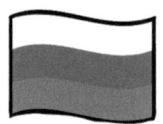

Russian
ພາສາຮັດເຊຍ

Portuguese
ພາສາປ໊ອກຕຸຍການ

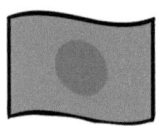

Bengali
ພາສາແບງກາອລ

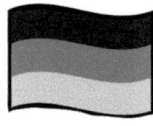

German
ພາສາເຍຍລະມັນ

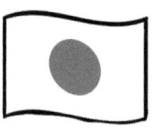

Japanese
ພາສາຍີ່ປຸ່ນ

I

ຂ້ອຍ

you

ເຈົ້າ

he / she / it

ລາວ (ຜູ້ຊາຍ) / ລາວ (ຜູ້ຍິງ) /
ມັນ

we

ພວກເຮົາ

you

ພວກເຈົ້າ

they

ພວກເຂົາ

who?

ໃຜ?

what?

ແມ່ນຫຍັງ?

how?

ແນວໃດ?

where?

ຢູ່ໃສ?

when?

ເມື່ອໃດ?

name

ຊື່

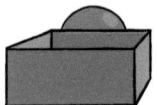

behind

ຢູ່ທາງຫຼັງ

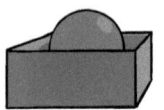

in

ໃນ

in front of

ຢູ່ທາງໜ້າ

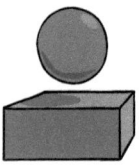

over

ເໜືອກວ່າ

on

ຢູ່ເທິງ

under

ຢູ່ກ້ອງ

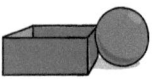

beside

ທາງຂ້າງ

between

ຢູ່ລະຫວ່າງ

place

ສະຖານບທີ່